Ken Wilber

Integrale Vision

Einführung in die Theorie von allem

Bibliografische Information der Deutschen Nationalbibliothek
Die Deutsche Nationalbibliothek verzeichnet diese Publikation in der Deutschen Nationalbibliografie; detaillierte bibliografische Daten sind im Internet über http://dnb.d-nb.de abrufbar.

Version 2.01
Published by arrangement with Shambhala Publications, Inc., Boulder, CO, www.shambhala.com
Die amerikanische Originalausgabe dieses Buches erschien unter dem Titel:
„Ken Wilber, The Integral Vision: A Very Short Introduction“
(Shambhala Pocket Library, Band 28), 2018.
Vor dieser Taschenbuchversion gab es eine anders gestaltete Fassung unter dem Titel:
„The Integral Vision: A Very Short Introduction to the Revolutionary Integral Approach to Life, God, the Universe, and Everything (Shamabela 2007).
Die deutsche Übersetzung erschien 2009 bei Kosel, München
Umschlaggestaltung, Grafik, Layout: Dr. Lutz Müller
Übersetzung: Michael Habecker, Dr. Lutz Müller
Druck: Libri Plureos GmbH, Friedensallee 273, 22763 Hamburg

ISBN: 978-3-95612-1203

Ken Wilber

Integrale Vision

Einführung
in die Theorie von allem

opus magnum

Inhalt

Vorwort von Michael Habecker

Vom Privileg, ein Zeitgenosse zu sein

Mit dem Erscheinen des ersten Ken Wilber Buches D*as Spektrum des Bewusstseins* im deutschsprachigen Raum in den 80er Jahren begann für mich auch die Wilber-Lektüre, und sie hat seitdem nicht mehr aufgehört. Mit den Internetmedien kamen (und kommen) zusätzlich noch ungezählte Audios und Videos hinzu, und ein Ende ist nicht in sicht. So hat mich die Arbeit dieses „Landkartenerstellers" mein ganzes Erwachsenenleben begleitet, und meinen Erkenntnishunger und meinen Wissensdurst nach Antworten auf die elementaren Lebens- und Sinnfragen zumindest teilweise gestillt, und gleichzeitig immer wieder neu geweckt.

Weitgehend inhaltsleer …

Auf die naheliegende Frage, was denn diese „integrale Landkarte" alles zeigt, kommt die verblüffende Antwort „fast nichts", denn der integrale Rahmen, den Wilber aufzeigt, ist – nach seinen eigenen Worten – weitgehend inhaltsleer. Zwar verwendet Wilber immer wieder auch Beispiele zur Illustration, doch dies sind „nur" Beispiele, und nicht sein Tätigkeitsschwerpunkt. Wilbers Hauptinteresse gilt „Orientierungsverallgemeinerungen", also Mustern und Grundstrukturen der Manifestation, die so allgemein bzw. inhaltsleer gehalten sind, dass sie auf alles angewendet werden können, als eine Basis für eine „Theory of Everything". Eine von ihm selbst eingeführte Zusammenfassung seiner Arbeit lautet AQAL, also: Alle Quadranten, alle Entwicklungsebenen, alle Entwicklungslinien, alle Zustände, alle Typen.

Um ein Beispiel zu nennen: Der obere linke Quadrant ist „das Innerliche des Individuellen". Was ist damit gemeint? Es ist eine Perspektive eines empfindenden Wesen auf die eigene Innerlichkeit, die Möglichkeit der Innenschau auf das eigene Bewusstsein. Dort werden, unter anderem, Inhalte/Phänomene, Strukturen/Haltungen und Dynamiken/„Schatten" des Bewusstseins erfahren und entdeckt, wie sie beispielsweise von der Psychologie untersucht werden. Durch diese allgemeine Vorgabe („Innerliche des Individuellen") wird in Bezug auf diesen Erkenntnisbereich a) nichts ausgelassen, und es wird gleichzeitig b) Raum gelassen für zukünftige Entwicklungen. Das heißt, Wilbers Orientierungsverallgemeinerungen ergeben einen „Rahmen“, der mit dem Erkenntnisfortschritt wächst, wenn beispielsweise durch das in Erscheinung treten einer neuen Entwicklungsstufe neue Bewusstseinsinhalte (wie Ideen) auftreten, die es bisher nicht gegeben hat.

Anwendungen

Im Umgang mit der Arbeit Wilbers ist es daher wichtig, den Rahmen von den Inhalten und Anwendungen zu unterscheiden. Wenn man beispielsweise eine integrale Politik (basierend auf AQAL) entwirft, dann fließen dabei natürlich und unvermeidlich eine Menge subjektiv-persönlicher Meinung, Werte und Gewichtungen ein (die man wiederum mit AQAL betrachten kann). Es gibt also nicht *die* integrale Politik oder *die* integrale Spiritualität, sondern unterschiedliche Sicht- und Anwendungsweisen, und bei der Kritik des „Integralen“ ist es daher wichtig auseinanderzuhalten, ob man den Rahmen kritisiert oder eine bestimmte Anwendung dieses Rahmens oder beides.

Wer ist am integralsten?

Ein spannender Aspekt dieser integralen Erkenntnissuche, die ja nicht nur von Ken Wilber vorangetrieben wird, sondern schon so lange im Gange ist wie Menschen versuchen, sich selbst und ihren Zeitgenossen die Welt und Wirklichkeit zu erklären, ist die Frage, welches integrale Modell am integralsten ist, das heißt, am meisten Erklärungsbreite und -Tiefe hat. Dies kann man sich als ein fortwährendes Projekt einer Meta-Theorieerstellung vorstellen, wo unterschiedliche Modelle mit integralem oder ganzheitlichem oder umfassenden Anspruch nebeneinandergelegt werden, um zu schauen, wo es Gemeinsamkeiten und Unterschiede gibt. Wilber war derartigen Initiativen gegenüber immer aufgeschlossen, hat sich selbst mit der *Critical Theory* auseinandergesetzt und auch immer wieder betont, dass seine Version nur *eine* Version eines integralen Ansatzes ist.

Einfach und komplex zugleich

Angesichts der Fülle des Materiales, welches seit den 80er Jahren von Wilber (und vielen anderen) zu seiner Arbeit entstanden ist, stellt sich, vor allem für diejenigen, die diese Arbeit nicht von Anfang an verfolgen konnten, die Frage, wie man sich einen Überblick verschaffen kann, und das leistet das Buch „Integrale Vision". Es illustriert auf zahlreichen Abbildungen die wesentlichen Merkmale der integralen Theorie, liefert in kompakter Form die notwendigen Erläuterungen, und lädt gleichzeitig dazu ein, sich nicht nur mit der Landkarte zu beschäftigen, sondern das Territorium selbst zu erfahren, also das Menschsein in seiner Perspektivität, Entwicklung, Unterschiedlichkeit und Tiefe.

Dies ist das eigentliche Anliegen Wilbers und seiner integralen Vision: das Leben in dieser Welt so reichhaltig wie möglich zu erfahren und gleichzeitig auch zu erleben, dass der Mensch in der Tiefe seines Seins dasjenige entdecken kann, was nicht von dieser Welt ist: „Lebe dein endliches Selbst, und ruhe in der Unendlichkeit."

Michael Habecker, Herbst 2024

1 Einführung

Wie kann ich mich im 21. Jahrhundert zurechtfinden?
Wie können wir unserem eigenen Leben und Bewusstsein einen Sinn geben?
Was wäre, wenn wir eine umfassende Karte von uns selbst und der schönen neuen Welt, in der wir uns befinden, hätten?

In den letzten Jahrzehnten haben wir eine menschheitsgeschichtliche Revolution erlebt: Alle Kulturen der Welt sind uns zugänglich geworden. Vielleicht noch bis vor 100 Jahren verbrachte man wahrscheinlich sein ganzes Leben in einer Kultur, oft in einer Provinz, manchmal in einem Haus, lebte, liebte und starb auf einem kleinen Stück Land. Aber heute sind die Menschen nicht nur geografisch mobil, sondern wir können praktisch jede bekannte Kultur auf dem Planeten kennenlernen, und wir tun dies auch. Im „globalen Dorf" sind alle Kulturen miteinander im Austausch.

Auch das Wissen ist mittlerweile global. Das bedeutet, dass uns auch zum ersten Mal die Gesamtheit des menschlichen Wissens zur Verfügung steht – das Wissen, die Erfahrung, die Weisheit und die Überlegungen aller großen menschlichen Zivilisationen – der vormodernen, der modernen und der postmodernen – können von uns allen studiert werden.

Was wäre, wenn wir alles nehmen würden, was uns die verschiedenen Kulturen über das menschliche Potenzial zu sagen haben – über spirituelles Wachstum, psychologisches Wachstum, soziales Wachstum – und wir alles gedanklich vor uns auf einem Tisch zusammenlegen würden?

Was wäre, wenn wir versuchen würden, die entscheidenden Schlüssel zum menschlichen Wachstum zu finden, basierend auf der Gesamtheit des menschlichen Wissens, das uns bis heute zur Verfügung steht? Was wäre, wenn wir auf der Grundlage umfassender interkultureller Studien alle großen Traditionen der Welt nutzen würden, um eine allumfassende oder *integrale* Übersicht zu gewinnen, in der die besten Erkenntnisse enthalten sind?

Klingt kompliziert, komplex, entmutigend? In gewisser Weise ist es das auch. Aber in anderer Hinsicht sind die Ergebnisse überraschend einfach, übersichtlich und elegant. Das in diesem Buch dargestellte Modell verbindet viele bekannte Systeme und Modelle des menschlichen Wachstums – von den alten Schamanen und Weisen bis zu den heutigen

Durchbrüchen in den Kognitionswissenschaften – und destilliert aus deren Hauptkomponenten fünf einfache Faktoren heraus, Faktoren, die die wesentlichen Elemente zur Erschließung und Förderung der menschlichen evolutionären Potenzials darstellen.

Willkommen beim Integralen Ansatz!

Eine integrale oder umfassende Karte

Was sind diese fünf Elemente? Wir nennen sie **Quadranten**, **Ebenen**, **Linien**, **Zustände** und **Typen**. Wie wir sehen werden, sind alle diese Elemente in diesem Moment unserem *eigenen bewussten Erleben zugänglich.* Diese fünf Elemente sind nicht nur theoretische Konzepte; sie sind Aspekte unserer eigenen Erfahrung und unserer eigenen Persönlichkeit, wie wir leicht selbst überprüfen können, während wir fortfahren.

Was nützt uns eine solche Integrale Karte? Erstens: Ob wir nun in der Wirtschaft, in der Medizin, in der Psychotherapie, im Recht, in der Ökologie oder einfach im täglichen Leben und Lernen tätig sind, die Integrale Karte hilft uns sicherzustellen, dass wir alle wichtigen Fakten im Blick behalten. Wenn wir versuchen, über die Rocky Mountains zu fliegen, ist die Wahrscheinlichkeit eines Absturzes umso geringer, je genauer die Karte ist, die wir haben. Ein integraler Ansatz stellt also sicher, dass wir in jeder Situation die gesamte Bandbreite an Informationen und Ressourcen zur Verfügung haben, wodurch sich die Wahrscheinlichkeit des Gelingens erhöht.

Zweitens, wenn wir lernen, diese fünf Aspekte unserer eigenen Persönlichkeit zu erkennen, können wir sie leichter schätzen, anwenden und nutzen und dadurch unser eigenes Wachstum und unsere Entwicklung zu höheren, umfassenderen und tieferen Seinsweisen voranbringen, ganz zu schweigen von einer verbesserten Effektivität und Leistungsfähigkeit im Berufsleben. Die Vertrautheit mit den fünf Elementen des Integralen Modells hilft uns, uns auf dieser aufregenden Reise des Entdeckens und Erwachens zurechtzufinden.

Kurz gesagt, der Integrale Ansatz hilft, uns und die Welt um uns herum auf umfassendere und effektivere Weise zu sehen. Eines ist jedoch von Anfang an wichtig zu wissen: Die integrale Landkarte ist nur eine Landkarte. Sie ist nicht das Gebiet. Wir dürfen die Landkarte natürlich nicht mit dem Gebiet verwechseln – aber wir wollen auch nicht mit einer ungenauen oder fehlerhaften Landkarte arbeiten. Würden Sie mit einer schlechten Landkarte über die Rocky Mountains fliegen wollen? Die Integrale Landkarte ist nur eine Landkarte, aber sie ist die vollständigste und genaueste Landkarte, die wir derzeit haben.

Was ist ein IOS?

IOS bedeutet einfach **„Integral Operating System"**. Wir verwenden **Integral Operating System** oder **IOS** manchmal als einen anderen Ausdruck für die Integrale Karte. Wenn wir ein System in unserem Leben nutzen – z. B. im Geschäft, bei der Arbeit, beim Spiel oder in unseren Beziehungen – möchten wir natürlich das beste System haben, das es gibt, und das ist eben das **IOS**. Da es wesentliche Bereiche des Lebens abdeckt, können die effektivsten Anwendungen gefunden werden. Dies ist nur eine andere Art, über die umfassende und integrative Natur des Integralen Modells zu sprechen.[1]

Wir werden auch die vielleicht wichtigste Anwendung der Integralen Karte oder des IOS erforschen. Da ein IOS verwendet werden kann, um jede Aktivität zu erfassen – von der Kunst über den Tanz, die Wirtschaft, die Psychologie, die Politik, die Ökologie bis hin zur Spiritualität –, ermöglicht es jedem dieser Bereiche, sich mit den anderen abzugleichen. Durch die Verwendung des IOS verfügt die Wirtschaft über eine Terminologie, mit der sie vollständig mit der Ökologie kommunizieren kann, die wiederum mit der Kunst kommunizieren kann, die wiederum mit dem Recht kommunizieren kann, die wiederum mit der Politik kommunizieren kann, mit Poesie, Bildung, Medizin und Spiritualität usw. Das hat es in der Geschichte der Menschheit bisher noch nie gegeben.

Durch die Anwendung des Integralen Ansatzes sind wir in der Lage, fächerübergreifendes und transdisziplinäres Wissen zu erleichtern und zu beschleunigen und so die erste wirklich integrale Lerngemeinschaft der Welt zu schaffen: die Integrale Universität.

Und wenn es um Religion und Spiritualität geht, hat die Anwendung des Integralen Ansatzes die Gründung des Integralen Spirituellen

1 Anm. d. Herausgeber:: Wir übersetzen IOS nicht mit integralem *Betriebssystem,* weil eine Landkarte oder ein Modell nicht ein konkretes Betriebssystem sein kann, wie beispielsweise die BIOS-, Linux- oder macOS-Betriebssysteme der Computer.

Zentrums ermöglicht, in dem einige der weltweit führenden spirituellen Lehrer aus allen großen Religionen zusammengekommen sind, nicht nur um einander zuzuhören, sondern um „die Lehrer zu lehren“, was zu einer der außergewöhnlichsten Lernveranstaltungen geführt hat, die man sich vorstellen kann.

Aber alles beginnt mit folgenden einfachen fünf Elementen als Aspekten unserer eigenen Persönlichkeit.

2 Die Hauptbestandteile

Was sind die wesentlichen bewussten Aspekte unserer Persönlichkeit in diesem Augenblick? Diese Hauptbestandteile können wir bei einer einfachen Führung kennenlernen.

In der Einleitung haben wir gesagt, dass alle fünf Elemente der Integralen Landkarte in diesem Moment unserem bewussten Erkennen prinzipiell zugänglich sind. Was nun folgt, ist daher in gewisser Weise eine Führung durch unsere eigenen Erfahrungen.

Einige der Aspekte der Integralen Landkarte beziehen sich auf subjektive Realitäten in uns, einige auf objektive Realitäten da draußen in der Welt, und andere auf kollektive oder gemeinschaftliche Realitäten, die wir mit anderen Menschen teilen. Beginnen wir mit den Bewusstseinszuständen, die sich auf subjektive Realitäten beziehen.

Zustände des Bewusstseins

Jeder kennt die wichtigsten **Bewusstseinszustände**, wie Wachen, Träumen und Tiefschlaf. Gegenwärtig befinden wir uns in einem Wachzustand (oder, wenn wir müde sind, vielleicht in einem Tagtraumzustand). Es gibt viele verschiedene unterschiedliche Bewusstseinszustände, darunter auch *meditative Zustände* (die z. B. durch Yoga, kontemplatives Gebet, Meditation hervorgerufen werden), *veränderte Zustände* (z. B. durch Drogen) und eine Vielzahl von *Gipfelerlebnissen,* von denen viele durch intensive Erfahrungen wie Liebe, Spaziergänge in der Natur oder das Hören schöner Musik ausgelöst werden können.

Die großen Weisheitstraditionen (wie der Vedanta-Hinduismus, der Vajrayana-Buddhismus, die jüdische Kabbala oder auch die christliche Mystik) gehen davon aus, dass die drei *natürlichen* Bewusstseinszustände – Wachen, Träumen und formloser Tiefschlaf – tatsächlich eine Schatztruhe spiritueller Weisheit und spirituellen Erwachens enthalten, wenn wir sie richtig zu nutzen wissen.

Oft halten wir den Traumzustand für weniger real, aber was wäre, wenn man ihn im Wachzustand betreten könnte? Und das Gleiche gilt für den Tiefschlaf. Könnten wir in diesen Zuständen, wenn wir sie bewusst erlebten, etwas Außergewöhnliches lernen?

In einem besonderen Sinn, den wir im weiteren Verlauf erkunden werden, könnten die drei großen natürlichen Zustände Wachen, Träumen und Tiefschlaf ein ganzes Spektrum spiritueller Erleuchtung enthalten. Vom Satori, einem Zen-Begriff für eine tiefe Erfahrung des spirituellen Erwachens, wird gesagt, dass sie die ultimativen Geheimnisse – oder das Geheimnis – des Universums selbst enthält.

Aber auf einer viel einfacheren, alltäglicheren Ebene erlebt jeder Mensch verschiedene Bewusstseinszustände, und diese Zustände liefern oft tiefgreifende Sinnerfahrungen und Motivationen, sowohl bei uns selbst als auch bei anderen. Denken wir an die vielen „Aha!"-Erlebnisse und kreativen Einfälle, die wir manchmal spontan haben. Wie wäre es, wenn wir diese bei Bedarf für intensive Problemlösungen anzapfen könnten? In einer bestimmten Situation mögen Bewusstseinszustände vielleicht nicht sehr bedeutungsvoll sein, jedoch kann kein integraler Ansatz sie ignorieren. Wann immer wir **IOS** verwenden, können wir überprüfen, ob und wie wir mit diesen wichtigen subjektiven Realitäten in Berührung sind.

Dies ist ein Beispiel dafür, wie eine Karte – in diesem Fall das IOS oder die Integrale Karte – uns helfen kann, nach einem Gebiet zu suchen, von dem wir vielleicht nicht einmal geahnt haben, dass es existiert, und uns dann Werkzeuge an die Hand gibt, mit deren Hilfe wir navigieren können.

Stufen oder Stadien der Entwicklung

Bewusstseinszustände kommen und gehen. Selbst große Gipfelerlebnisse oder veränderte Zustände, unabhängig davon, wie tiefgreifend sie sind, kommen, bleiben eine Weile und gehen dann wieder. Ganz gleich, wie wunderbar ihre Erfahrungen sind, sie sind vorübergehend.

Während Bewusstseinszustände vorübergehend sind, sind **Entwicklungsstufen** dauerhafter. Stufen stellen die eigentlichen Meilensteine des Wachstums und der Entwicklung dar. Wenn ein Kind etwa die sprachlichen Entwicklungsstufen durchläuft, hat es schließlich einen stabilen Zugang zur Sprache. Sprechenkönnen ist dann keine nur vorübergehende Fähigkeit mehr, die in der einen Minute da und in der nächsten wieder weg ist. Das Gleiche gilt für andere Arten von Wachstum. Sobald wir eine Wachstums- und Entwicklungsstufe erreicht haben, können wir auf die Fähigkeiten dieser Stufe – wie differenzierteres Bewusstsein, umfassendere Liebe, höhere ethische Einstellungen, bessere Intelligenz und Achtsamkeit – praktisch jederzeit zugreifen, wenn wir wollen. *Vorübergehende Zustände* sind zu *dauerhaften Eigenschaften* geworden.

Wie viele Entwicklungsstufen gibt es? Bei jeder Skala ist die Art und Weise der Einteilung etwas willkürlich. Wie viel Grad liegen zum Beispiel zwischen dem Gefrieren und dem Kochen von Wasser? Wenn man eine Celsius-Skala verwendet, liegen zwischen Gefrieren und Sieden 100 Grad. Verwendet man jedoch die Fahrenheit-Skala, so liegt der Gefrierpunkt bei 32 Grad und der Siedepunkt bei 212 Grad, es liegen also 180 Grad dazwischen. Was ist nun richtig? Beides. Es kommt nur darauf an, wie der zu untersuchende Sachverhalt unterteilt wird.

Das Gleiche gilt für Stufen. Es gibt alle möglichen Arten von **Stufenkonzepten**. Sie alle können nützlich sein. Im Chakra-System der Yoga-Philosophie gibt es zum Beispiel sieben Hauptstufen oder Ebenen. Jean Gebser, ein berühmter Anthropologe, nannte fünf: archaisch, magisch, mythisch, mental und integral. Bestimmte westliche psychologische Modelle gehen von acht, zwölf oder mehr Entwicklungsstufen aus. Welches ist richtig? Alle; es kommt nur darauf an, worauf man bei Wachstum und Entwicklung achten will.

„**Entwicklungsstufen**“ werden auch als „**Entwicklungsebenen**“ bezeichnet, wobei hier der Grundgedanke ist, dass jede Stufe eine Organisations- oder Komplexitätsebene darstellt. In der Abfolge von Atomen

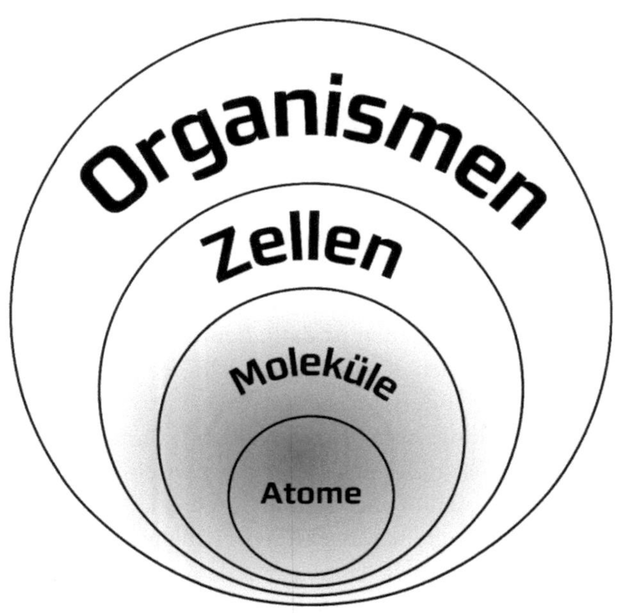

Abb. 1 Spätere Entwicklungsstufen schließen frühere Stadien mit ein

über Moleküle und Zellen bis hin zu Organismen entspricht jeder dieser Evolutionsstufen auch ein höherer Grad an Komplexität. Das Wort „Stufe“ ist nicht wertend oder ausschließend gemeint, sondern soll lediglich darauf hinweisen, dass es wichtige *emergente* Qualitäten gibt, die in der Regel auf diskrete oder quantenähnliche Weise entstehen, und diese Entwicklungssprünge oder -stufen sind wichtige Aspekte vieler Naturphänomene.

Von besonderer Bedeutung ist zudem, dass wir die fließende Natur der Phasen hervorheben, indem wir sie häufig als **Wellen** bezeichnen. Die Berücksichtigung von Stufen bzw. Wellen der Entwicklung stellt einen wesentlichen Aspekt des IOS dar. Im Allgemeinen wird im Integralen Modell mit etwa acht bis zehn Stufen, Ebenen oder Wellen der Entwicklung gearbeitet. Nach einer langjährigen praktischen Prüfung haben wir festgestellt, dass eine größere Anzahl von Stufen zu einer gewissen Unhandlichkeit führt, während eine geringere Anzahl von Stufen eine gewisse Ungenauigkeit birgt.

In diesem Kontext sei auf die von Jane Loevinger und Susanne Cook-Greuter entwickelten Konzepte der Selbstentwicklung, die Spiral Dynamics von Beck und Cowan sowie die von Robert Kegan erforschten Bewusstseinsordnungen hingewiesen. Es existieren jedoch zahlreiche weitere nützliche Stufenkonzepte, die im Rahmen des Integralen Ansatzes Anwendung finden können. Dabei kann jeweils dasjenige Konzept übernommen werden, das für die jeweilige Situation geeignet ist. Im späteren Verlauf dieses Buches wird auf die Einzelheiten eingegangen, sodass an dieser Stelle eine vertiefende Betrachtung unterbleibt. Stattdessen soll anhand eines Beispiels aufgezeigt werden, worum es sich handelt.

Egozentrisch, ethnozentrisch und weltzentrisch

Wir nehmen ein sehr einfaches Modell, das nur drei Stadien umfasst. Betrachtet man etwa die moralische Entwicklung eines Säuglings, so stellt man fest, dass es noch nicht in die Ethik und die Konventionen der Kultur sozialisiert ist. Dies wird als **präkonventionelles Stadium** oder auch als **egozentrisch** bezeichnet, da das Bewusstsein des Säuglings weitgehend auf sich selbst bezogen ist.

Wenn das Kleinkind jedoch beginnt, die Regeln und Normen seiner Kultur zu lernen, wächst es in das **konventionelle Stadium** der Moral hinein. Dieses Stadium wird auch als **ethnozentrisch bezeichnet**, da es sich auf die eigene Gruppe, den eigenen Stamm, die eigene Sippe oder die eigene Nation konzentriert und daher dazu neigt, alle auszuschließen, die nicht zu dieser Gruppe gehören.

Aber in der nächsten wichtigen Phase der moralischen Entwicklung, der **postkonventionellen Phase**, weitet sich die Identität des Individuums erneut aus, diesmal auf die Sorge und das Interesse für alle Menschen, unabhängig von Rasse, Hautfarbe, Geschlecht oder Glauben, weshalb diese Phase auch als **weltzentrisch** bezeichnet wird.

So bewegt sich die moralische Entwicklung tendenziell von „Ich" (egozentrisch) zum „Wir" (ethnozentrisch), zum „Wir alle" (weltzentrisch) – ein gutes Beispiel für die sich entfaltenden Stufen des Bewusstseins.
Man kann sich diese drei Stufen auch als **Körper**, **Psyche** und **GEIST** vorstellen. Diese Wörter haben alle viele verschiedene und gültige Bedeutungen, aber wenn sie speziell für die Stufen verwendet werden, bedeuten sie:

Abb. 2 Auch in der psychologischen Entwicklung schließen die späteren Stufen die früheren mit ein.

- Stufe eins, die von unserer grobstofflichen physischen Realität beherrscht wird, ist die „Körper“-Stufe (wobei Körper in seiner üblichen Bedeutung von physischem Körper verwendet wird). Da Sie lediglich mit dem separaten körperlichen Organismus und dessen Überlebenstrieb identifiziert sind, ist dies auch das „Ich“- oder egozentrische Stadium.
- Stufe zwei ist die Stufe der Psyche, in der sich die Identität vom isolierten grobstofflichen Körper ausdehnt und beginnt, Beziehungen mit vielen anderen zu teilen, die vielleicht auf gemeinsamen Werten, gemeinsamen Interessen, gemeinsamen Idealen oder gemeinsamen Träumen beruhen. Da die Psyche uns

ermöglicht, sich in die Rolle anderer einzufühlen – sich in ihre Lage zu versetzen und zu spüren, wie es ist, sie zu sein –, erweitert sich die Identität von „Ich" zum „Wir" (der Übergang von egozentrisch zu ethnozentrisch).

- Mit Stufe drei erweitert sich unsere Identität erneut, diesmal von einer Identität mit „uns" zu einer Identität mit „uns allen" (der Übergang vom Ethnozentrismus zum Weltzentrismus). Hier beginnen wir zu verstehen, dass es neben der wunderbaren Vielfalt der Menschen und Kulturen auch viele Ähnlichkeiten und Übereinstimmungen gibt. Die Entdeckung der Gemeinsamkeiten aller Wesen ist der Übergang von der Ethnozentrik zur Weltzentrik und ist „spirituell" im dem Sinne, dass wir die enge Verbundenheit mit allen fühlenden Wesen spüren.

Das ist eine Möglichkeit, die Entwicklung der Persönlichkeit vom Körper über die Psyche bis zum GEIST zu betrachten, wobei jede dieser Stufen, Stadien, Wellen oder Ebenen als Ausdruck der sich entfaltenden Fürsorge und des erwachenden Bewusstseins betrachtet wird, die sich von der Egozentrik über die Ethnozentrik zur Weltzentrik bewegen.

Wir werden auf diese Evolutions- und Entwicklungsstufen zurückkommen und sie jedes Mal aus einem neuen Blickwinkel betrachten. Für den Moment genügt es, zu verstehen, dass wir mit „Stufen" oder „Stadien" fortschreitende und dauerhafte Meilensteine auf dem evolutionären Weg der eigenen Entfaltung meinen. Ob wir nun von Stufen des Bewusstseins, Stufen der Energie, Stufen der Kultur, Stufen der spirituellen Verwirklichung, Stufen der moralischen Entwicklung und so weiter sprechen, wir sprechen von diesen wichtigen und grundlegenden Strukturen in der Entfaltung unserer höheren, tieferen und umfassenderen Potenziale.

Wann immer wir **IOS** verwenden, werden wir erinnert, zu überprüfen, ob wir die wichtigen **Aspekte** jeder Situation berücksichtigt haben. Das verbessert unsere Erfolgswahrscheinlichkeit, ob es sich nun um persönliches Wachstum, um sozialen Wandel, um Spitzenleistungen im Geschäftsleben, in der Fürsorge für andere Menschen oder um einfache Zufriedenheit im Leben handelt.

Entwicklungslinien:
In manchen Dingen bin ich gut, in anderen weniger

Wir sind in unseren Persönlichkeitseigenschaften meist sehr ungleich entwickelt. Manche Menschen sind z. B. im logischen Denken sehr gut, aber in Bezug auf ihre Emotionen oder ihre moralische Haltung wenig differenziert. Andere Menschen zeichnen sich durch eine hohe emotionale Intelligenz aus, können aber nicht gut rechnen.

Howard Gardner hat dieses Konzept der **multiplen Intelligenzen** bekannt gemacht. Der Mensch verfügt über eine Vielzahl von Eigenschaften, wie z. B. kognitive Intelligenz, emotionale Intelligenz, musikalische Intelligenz, ästhetische Intelligenz und so weiter. Die meisten Menschen sind in einer oder zwei dieser Intelligenzen besonders gut, in den anderen dagegen weniger. Das ist ganz normal. Teil einer ganzheitlichen Weisheit ist es aber einerseits, herauszufinden, wo wir uns auszeichnen, wo wir der Welt unsere besten Fähigkeiten anbieten können und andererseits, dass wir uns auch unserer Schwächen (wo wir schlecht oder sogar pathologisch abschneiden) bewusst sind.

Und das führt uns zu einem weiteren unserer fünf wesentlichen Elemente: unsere **multiplen Intelligenzen** oder Entwicklungslinien. Bisher haben wir uns mit **Zuständen** und **Stufen** befasst. Was sind nun **Entwicklungslinien** oder **multiple Intelligenzen**?

Zu den verschiedenen multiplen Intelligenzen gehören: kognitive, interpersonelle, moralische, emotionale und ästhetische Intelligenz. Warum werden diese auch als **Entwicklungslinien** bezeichnet? Weil diese Intelligenzen Wachstum und Entwicklung zeigen. Sie entfalten sich in progressiven Stufen, den Stufen, die gerade beschrieben wurden.

Mit anderen Worten: Jede multiple Intelligenz wächst – oder kann wachsen – durch die drei Hauptstufen (oder durch jede der Stufen eines beliebigen Entwicklungsmodells, ob drei Stufen, fünf Stufen, sieben oder mehr.) Man kann zum Beispiel seine kognitive Entwicklung bis zur Stufe eins, zur Stufe zwei und zur Stufe drei ausgebildet haben.

Das Gleiche gilt für die anderen Intelligenzen. Emotionale Entwicklung auf Stufe eins bedeutet, dass wir die Fähigkeit für Emotionen entwickelt haben, die sich auf „mich" konzentrieren, insbesondere die Emotionen und Triebe des Hungers, des Überlebens und des Selbstschutzes. Wenn wir uns emotional von Stufe eins zu Stufe zwei – oder von egozentrisch zu ethnozentrisch – weiterentwickeln, werden wir von „ich“ zu „wir“ expandieren und beginnen, emotionale Verpflichtungen und Bindungen zu geliebten Menschen, Familienmitgliedern, engen Freunden, einer größeren Gemeinschaft oder unserer ganzen Nation zu entwickeln.

Wenn wir in die Emotionen der Stufe drei hineinwachsen, werden wir die umfassendere Fähigkeit einer Fürsorge und eines Mitgefühls entwickeln, die über unsere eigenen Gemeinschaften oder unsere eigene Nation hinausreichen. Wir werden bestrebt sein, alle Menschen und sogar alle fühlenden Wesen in eine weltzentrische Fürsorge und ein weltzentrisches Mitgefühl einzubeziehen.

Und denken wir daran: Da es sich um Stufen handelt, haben wir sie auf Dauer erreicht. Bis dahin sind alle diese Fähigkeiten zunächst nur vorübergehende Zustände: Wir werden einige von ihnen, wenn überhaupt, nur vorübergehend erleben können – sie erscheinen dann z. B. als großartige Gipfelerfahrungen von erweitertem Wissen und Sein, als wundersame „Aha!“-Erlebnisse oder tiefgreifende Einblicke in unsere eigenen höheren Möglichkeiten. Aber mit geduldiger Übung werden wir diese gelegentlichen Zustände in dauerhafte Merkmale unserer Persönlichkeit umwandeln können.

Das Integrale Psychogramm

Es gibt eine recht einfache Möglichkeit, diese Intelligenzen oder mehrere Linien darzustellen. In Abbildung 3 (nächste Seite) findet sich ein einfaches Diagramm, das die drei Hauptstufen (oder Entwicklungsstufen) und fünf der wichtigsten Intelligenzen (oder Entwicklungslinien) zeigt. **Die verschiedenen Linien entfalten sich über die Hauptstufen oder Entwicklungsniveaus**. Die drei Stufen können für jede Entwicklungslinie gelten – sexuell, kognitiv, spirituell, emotional, moralisch und so weiter. Die Stufe einer bestimmten Linie bedeutet einfach die „Höhe“ dieser Linie in Bezug auf ihr Wachstum und ihr Bewusstsein. Deshalb sagt man oft: „Diese Person ist moralisch hoch entwickelt“ oder „Diese Person ist spirituell sehr fortgeschritten“.

In Abbildung 3 (nächste Seite) ist jemand dargestellt, der in der kognitiven Entwicklung hervorragend und in der zwischenmenschlichen Entwicklung gut ist, aber bei der psychosexuellen und emotionalen

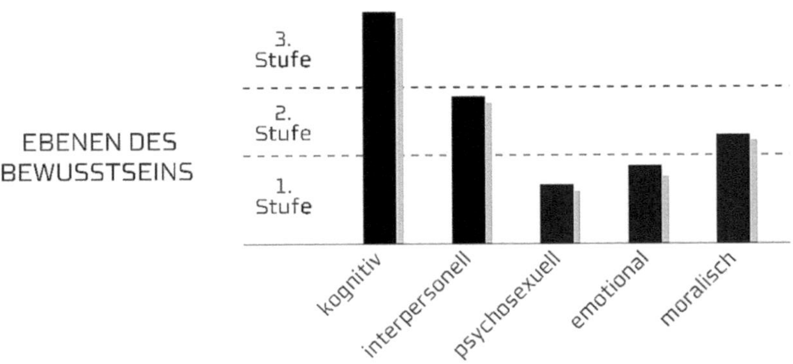

Abb. 3 Das Psychogramm mit den multiplen Intelligenzen illustriert, dass die verschiedenen Persönlichkeitseigenschaften bei den Menschen unterschiedlich entwickelt sind.

Intelligenz schlechter abschneidet. Andere Personen würden natürlich ein anderes „Psychogramm“ haben.

Das **Psychogramm** hilft uns zu verdeutlichen, wo unsere Stärken, aber auch unsere Schwächen liegen. Wahrscheinlich wissen wir in etwa, worin wir besonders gut sind und worin nicht. Aber ein Teil des Integralen Ansatzes besteht darin, dass wir lernen, dieses Wissen über unsere eigenen Schwerpunkte erheblich zu verfeinern, sodass wir selbstbewusster mit unseren Stärken und Schwächen sowie mit denen anderer Menschen umgehen können.

Das Psychogramm macht uns auch bewusst, dass praktisch alle Menschen ungleichmäßig entwickelt sind, und es hilft uns dabei, nicht zu glauben, dass wir, nur weil wir in einem Bereich besonders gut sind, auch in allen anderen Bereichen ebenso gut sein müssten. In der Tat ist meist das Gegenteil der Fall. Mehr als eine Führungspersönlichkeit, ein spiritueller Lehrer oder ein Politiker ist spektakulär gescheitert, weil er diese einfachen Tatsachen nicht erkannt hat.

Ganzheitlich entwickelt zu sein, bedeutet also nicht, dass man in allen Eigenschaften hervorragend sein muss oder alle auf Stufe 3 sein müssten. Aber es bedeutet, dass wir ein gutes Gespür dafür entwickeln, wie das eigene Psychogramm aussieht, sodass wir von einem viel realistischeren Selbstbild ausgehen, um unsere zukünftige Entwicklung zu planen. Für manche Menschen bedeutet dies, bestimmte Intelligenzen zu stärken, weil sie so undifferenziert sind, dass sie Probleme verursachen. Für andere wird es bedeuten, ein ernsthaftes Problem oder eine Pathologie in einer Linie (wie z. B. der psychosexuellen) zu bearbeiten. Und für andere wiederum bedeutet es, einfach zu erkennen, wo ihre Stärken und Schwächen liegen, und entsprechend zu planen. Mithilfe einer integralen Landkarte können wir unser eigenes Psychogramm mit größerer Sicherheit durchleuchten.

Integral informiert zu sein, bedeutet also nicht, dass man alle Entwicklungslinien beherrschen muss, sondern nur, dass man sich ihrer bewusst ist. Wenn man sich dann dafür entscheidet, etwaige Einseitigkeiten und Ungleichgewichte zu beseitigen, ist das Teil der Integralen Lebenspraxis (ILP), die tatsächlich dabei hilft, die Ebenen des Bewusstseins und der Entwicklung zu erhöhen, indem sie einen bemerkenswert effektiven Ansatz des „spirituellen Cross-Trainings" verwendet. (Wir werden ILP in Kap. 6 im Detail besprechen.)

Beachten wir aber einen weiteren wichtigen Punkt. Bei bestimmten Arten von psychologischem und spirituellem Training können wir relativ leicht in ein ganzes Spektrum von Bewusstseinszuständen und Körpererfahrungen eingeführt werden – als Gipfelerlebnis, meditativer Zustand, schamanische Vision, veränderter Zustand und so weiter. Der Grund dafür, dass diese Gipfelerfahrungen möglich sind, liegt darin, dass viele unserer Bewusstseinszustände (wie z. B. wach-grob, träumend-subtil und formlos-kausal) allgegenwärtige Möglichkeiten sind. So kann man schnell viele **höhere** Bewusstseinszustände erfahren.

Man kann jedoch nicht in alle Qualitäten der **höheren Stufen** eingeführt werden, ohne tatsächlich zu wachsen und zu praktizieren. Man kann eine Gipfelerfahrung höherer *Zustände* machen (wie ein inneres subtiles Licht zu sehen oder ein Gefühl des Einsseins mit der ganzen Natur zu haben), denn viele Zustände sind allgegenwärtig, und so können sie in diesem Moment als „Gipfelerfahrung" erlebt werden. Aber man kann keine Gipfelerfahrung einer höheren *Stufe* machen (wie z. B. ein Pianist auf Konzertniveau zu spielen), weil sich Stufen nacheinander entfalten und beträchtliche Zeit benötigen, um sich zu entwickeln und zu stabilisieren. Stufen bauen auf ihren Vorgängern in sehr konkreter Weise auf, sodass sie nicht übersprungen werden können. In der natürlichen Entwicklungslogik von Atomen zu Molekülen, zu Zellen zu Organismen kann man auch nicht von den Atomen gleich zu den Zellen springen und die Moleküle auslassen. Dies ist einer der vielen wichtigen Unterschiede zwischen Zuständen und Stufen.

Gleichzeitig gilt aber auch: Je häufiger wir Erfahrungen mit höheren Zuständen machen, desto schneller und leichter werden sich unsere eigenen Entwicklungsstufen entfalten. Dafür gibt es beträchtliche experimentelle Hinweise. Je mehr wir in authentische höhere Bewusstseinszustände – wie z. B. in meditative Zustände – eintauchen, desto *schneller* werden wir wachsen und uns durch die weiteren Bewusstseinsstufen hindurch entwickeln. Es ist, als ob das Training höherer Zustände es erleichtert und beschleunigt, sich von einer tieferen Stufe zu lösen, sodass die nächsthöhere Stufe auftauchen kann, und es möglich wird, dauerhaft auf dieser Stufe zu bleiben. So wird ein vorübergehender Zustand zu einer dauerhaften Eigenschaft. Solche Arten des Trainings höherer Zustände, wie z. B. Meditation, sind Teil eines jeden integralen Ansatzes zur Transformation.

Zusammengefasst: Man kann die eigentlichen *Stadien* nicht überspringen, aber man kann sein Wachstum durch sie beschleunigen, indem man verschiedene Arten von Zustandsübungen, wie z. B. Meditation, praktiziert.

Welcher Typ? Weiblich oder männlich?

Die nächste Komponente des **IOS** ist einfach: Jede der vorherigen Elemente hat z. B. eine männliche oder eine weibliche Ausprägung, entspricht einem eher männlichen oder einem eher weiblichen Typus.

Typen beziehen sich einfach auf Aspekte, die auf praktisch jeder Ebene oder in jedem Zustand vorhanden sein können. Ein häufiges Instrument ist zum Beispiel der Myers-Briggs-Typenindikator, deren Haupttypen Extraversion, Introversion, Fühlen, Denken, Empfinden und Intuieren sind. **Wir können in praktisch jedem Entwicklungsstadium einem dieser Typen angehören.** Solche „horizontalen Typologien" können sehr nützlich sein, vor allem wenn sie mit Stufen, Linien und Zuständen kombiniert werden. Um zu zeigen, worum es geht, können wir „männlich" und „weiblich" als Beispiel für eine Typologie verwenden.

Carol Gilligan wies in ihrem äußerst einflussreichen Buch *„In a Different Voice"* (1982, zu Deutsch *Die andere Stimme – Lebenskonflikte und Moral der Frau*) darauf hin, dass sowohl Männer als auch Frauen in ihrer moralischen Entwicklung 3 oder 4 Hauptstufen oder Stadien durchlaufen. Unter Verweis auf eine Vielzahl von Forschungsergebnissen stellte Gilligan fest, dass diese drei oder vier moralischen Stufen als *präkonventionell, konventionell, postkonventionell* und *integriert* bezeichnet werden können. Diese sind den drei einfachen Entwicklungsstufen, die wir hier beschrieben haben, recht ähnlich.

Gilligan fand heraus, dass Stufe 1 eine moralische Einstellung ist, die sich ganz auf „mich" konzentriert (daher wird diese vorkonventionelle Stufe auch **egozentrisch** genannt). Stufe 2 der moralischen Entwicklung ist auf „uns" zentriert, sodass sich meine Identität von mir auf andere Menschen meiner Gruppe ausgeweitet hat (daher wird diese konventionelle Stufe oft **ethnozentrisch**, traditionell oder konformistisch genannt).

In der dritten Stufe der moralischen Entwicklung weitet sich meine Identität erneut aus, diesmal von „uns" auf „alle von uns" oder alle Menschen (oder sogar alle fühlenden Wesen) – daher wird diese Stufe oft als **weltzentrisch** bezeichnet. Wir empfinden jetzt Fürsorge und Mitgefühl, nicht nur für uns (egozentrisch), und nicht nur für meine Familie, meine Gemeinschaft oder meine Nation (ethnozentrisch), sondern für die gesamte Menschheit, für alle Männer und Frauen überall, unabhängig von Rasse, Hautfarbe, Geschlecht oder Glauben (weltzentrisch). Und wenn wir auf Stufe 4 der moralischen Entwicklung gelangen, die Gilligan als **integriert** bezeichnet, dann...

Wir wollen aber zunächst ihren wichtigsten Beitrag verdeutlichen. Gilligan ging davon aus, dass Frauen ebenso wie Männer diese drei oder vier hierarchischen Wachstumsstufen durchlaufen. Gilligan selbst bezeichnet diese Stufen richtigerweise als *hierarchisch*, weil jede Stufe ein *höheres* Potenzial für Fürsorge und Mitgefühl hat. Aber sie meinte, dass Frauen diese Stufen mit einer anderen Logik durchlaufen – sie entwickeln sich „mit einer anderen Stimme."

Die Logik von Männern oder die Stimme eines Mannes basiert in der Regel auf Autonomie, Gerechtigkeit und Rechten, während die Logik von Frauen oder die Stimme einer Frau in der Regel auf Beziehungen, Fürsorge und Verantwortung basiert. Männer neigen zur Handlungsfähigkeit, Frauen zur Gemeinschaft. Männer folgen Regeln, Frauen folgen Verbindungen. Männer schauen, Frauen berühren. Männer neigen zum Individualismus, Frauen zur Beziehung. Eine von Gilligans

Lieblingsgeschichten: Ein kleiner Junge und ein Mädchen spielen. Der Junge sagt: „Lasst uns Piraten spielen!“ Das Mädchen sagt: „Lasst uns so spielen, als würden wir Tür an Tür wohnen.“ Der Junge: „Nein, ich will Piraten spielen!“ „Okay, du spielst den Piraten, der nebenan wohnt.“

Kleine Jungen mögen keine Mädchen in ihrer Nähe, wenn sie Spiele wie Baseball spielen, denn die beiden Stimmen kollidieren sehr stark und oft sehr lustig. Ein paar Jungs spielen Baseball, ein Junge macht seinen dritten Strike und ist raus, also fängt er an zu weinen. Die anderen Jungen stehen ungerührt da, bis der Junge aufhört zu weinen; schließlich ist eine Regel eine Regel, und die Regel lautet: „Drei Strikes und du bist raus.“ Gilligan weist darauf hin, dass, wenn ein Mädchen in der Nähe ist, sie normalerweise sagt: „Ach, komm schon, versuch es noch einmal!“ Das Mädchen sieht ihn weinen und will helfen, will eine Verbindung herstellen, will heilen. Das treibt jedoch die Jungen in den Wahnsinn, die dieses Spiel als Einführung in die Welt der Regeln und der männlichen Logik spielen. Gilligan meint, dass Jungs Gefühle verletzen, um die Regeln zu retten; die Mädchen brechen die Regeln, um die Gefühle zu retten.

Sowohl die Frauen als auch die Männer durchlaufen die drei oder vier Entwicklungsstadien des moralischen Wachstums (egozentrisch, ethnozentrisch, weltzentrisch und integriert), aber sie tun dies nach einer anderen Logik. Gilligan nennt die hierarchischen Stufen bei Frauen ausdrücklich **egoistisch** (was egozentrisch ist), **Fürsorge** (was ethnozentrisch ist), **universelle Fürsorge** (was weltzentrisch ist) und **integriert**. Noch einmal: Warum war Gilligan (die zu diesem Thema sehr missverstanden wurde) der Auffassung, dass diese Stufen hierarchisch sind? Weil jede Stufe ein höheres Potenzial für Fürsorge und Mitgefühl hat. (Nicht alle Hierarchien sind schlecht, und dies ist ein gutes Beispiel dafür, warum).

Also, integriert oder Stufe vier – was ist das? Auf der vierten und höchsten Ebene der moralischen Entwicklung, so Gilligan, werden die männlichen und weiblichen Sichtweisen in jedem von uns tendenziell integriert. Das bedeutet nicht, dass eine Person in diesem Stadium die Unterscheidung zwischen männlich und weiblich verliert und damit zu einer Art fadem, androgynem, asexuellem Wesen wird. Vielmehr können sich die männlichen und weiblichen Dimensionen gegenseitig sogar noch verstärken. Aber es bedeutet, dass die Individuen beginnen, sich sowohl mit der männlichen als auch mit der weiblichen Seite in sich selbst anzufreunden, auch wenn sie charakteristischerweise überwiegend aus der einen oder der anderen Seite heraus handeln.

Caduceus

Haben Sie schon einmal einen *Caduceus* gesehen (den Hermesstab)? Es ist ein Stab mit zwei Schlangen und Flügeln an der Spitze. Der Stab kann u. a. die Wirbelsäule symbolisieren. Dort, wo die Schlangen den Stab kreuzen, könnte man die einzelnen Chakren sehen, die sich entlang der Wirbelsäule vom untersten zum obersten bewegen; und die beiden Schlangen selbst könnte man als die solaren und lunaren (oder männlichen und weiblichen) Energien *in jedem der Chakren* ansehen. Das ist der entscheidende Punkt.

Abb. 4 Der Caduceus, der Hermesstab, kann die stufenweise polare Entwicklung des Bewusstseins symbolisieren und hat einige Ähnlichkeiten mit dem indischen Chakra-System.

Die sieben Chakren, die sich als eine komplexere Version der drei einfachen Ebenen oder Stufen verstehen lassen, symbolisieren sieben Ebenen des Bewusstseins und der Energie, die allen Menschen zur Verfügung stehen. Die ersten drei Chakren – Nahrung, Sex und Macht – entsprechen in etwa der Stufe eins; die Chakren vier und fünf – Herz-Beziehung und Kommunikation – entsprechen im Grunde der Stufe zwei; und die Chakren sechs und sieben – Psychisches und Spirituelles – sind der Inbegriff der Stufe drei).

Der wichtige Punkt hier ist, dass nach den Traditionen **jede dieser 7 Stufen einen männlichen und einen weiblichen Modus** (Aspekt, Typ oder „Stimme") **hat**. Weder das Maskuline noch das Feminine ist höher oder besser; es sind zwei gleichwertige Aspekte auf jeder der Bewusstseinsebenen. Das bedeutet zum Beispiel, dass es bei Chakra drei (dem egozentrischen Machtchakra) eine männliche und eine weibliche Version desselben

Chakras gibt: Auf dieser Chakra-Ebene neigen Männer zur autonomen Machtausübung („My way or the highway!"), Frauen zur gemeinschaftlichen oder sozialen Machtausübung („Mach es so oder ich rede nicht mit dir"). Und so geht es weiter mit den anderen Hauptchakren, von denen jedes eine solare und eine lunare bzw. eine männliche und eine weibliche Dimension hat. Keines von beiden ist grundlegender, keines kann ignoriert werden.

Beim siebten Chakra ist jedoch zu beachten, dass die männliche und die weibliche Schlange beide in ihrem Grund oder ihrer Quelle verschwinden. Das Männliche und das Weibliche treffen und vereinen sich im Scheitel – sie werden buchstäblich eins. Und das ist es, was Gilligan bei ihrer moralischen Entwicklung in Stufe 4 feststellte: Die beiden Seiten in jeder Person werden integriert, sodass es eine paradoxe Vereinigung von Autonomie und Beziehung, Rechten und Pflichten, Individualismus und Gemeinschaft, Weisheit und Mitgefühl, Gerechtigkeit und Barmherzigkeit, männlich und weiblich gibt.

Wichtig ist, dass wir, wann immer wir IOS oder den Integralen Ansatz, verwenden, automatisch jede Situation überprüfen können – bei uns selbst, bei anderen, in einer Organisation, in einer Kultur – um sicherzustellen, dass wir sowohl die männlichen als auch die weiblichen Aspekte einbeziehen, um so ganzheitlich und bewusst wie möglich zu sein. Wenn jemand der Ansicht ist, dass es keine großen Unterschiede zwischen Männern und Frauen gibt – oder wenn jemand solche Unterschiede für fragwürdig hält –, dann ist das auch in Ordnung. Wir wollen damit nur sagen, dass wir darauf achten sollten, dass wir sowohl mit der weiblichen als auch der männlichen Polarität in Berührung kommen, wie auch immer wir das sehen. Darüber hinaus gibt es zahlreiche andere „horizontale Typologien", die als Teil eines umfassenden IOS sehr hilfreich sein können (Myers-Briggs, Enneagramm usw.), und der Integrale Ansatz stützt sich je nach Bedarf auf eine oder alle dieser Typologien. „Typen" sind genauso wichtig wie Quadranten, Ebenen, Linien und Zustände.

Kranke Männlichkeit, kranke Weiblichkeit

Bei den Typen kann man gesunde und ungesunde Versionen davon haben. Zu sagen, dass jemand in einer ungesunden Ausprägung eines Typus gefangen ist, soll ihn nicht kritisieren und abwerten, sondern soll helfen, ihn zu verstehen und klarer und effektiver mit ihm zu kommunizieren.

Wenn zum Beispiel jede Entwicklungsstufe eine männliche und eine weibliche Dimension hat, kann jede dieser Dimensionen gesund oder ungesund sein. Dies ist eine andere Art der horizontalen Typisierung, die jedoch nützlich sein kann.

Wenn z. B. also das gesunde männliche Prinzip zu Autonomie, Stärke, Unabhängigkeit und Freiheit tendiert, werden, wenn dieses Prinzip ungesund oder pathologisch wird, alle diese positiven Tugenden entweder über- oder unterbewertet. Es kommt nicht nur zu Autonomie, sondern zu Entfremdung; nicht nur zu Stärke, sondern zu Dominanz- und Machtstreben; nicht nur zu Unabhängigkeit, sondern zu krankhafter Angst vor Beziehungen und Verpflichtungen; nicht nur zu einem Drang nach Freiheit, sondern zu einem Drang zur Zerstörung. Das ungesunde männliche Prinzip transzendiert nicht in Freiheit, sondern dominiert in Angst.

Während das gesunde weibliche Prinzip zum Fließen, zur Beziehung, zur Fürsorge und zum Mitgefühl neigt, kann es sich in seiner ungesunden Ausprägung in jedem dieser Bereiche verlieren. Anstatt in Beziehung zu sein, gibt es sich in Beziehungen auf. Anstatt ein gesundes Selbst in Gemeinschaft mit anderen zu haben, wird sie von den Beziehungen beherrscht, in denen sie steht. Keine Verbindung, sondern eine Verschmelzung; kein Flow-Zustand, sondern ein Panikzustand; keine Gemeinschaft, sondern eine Selbstauflösung. Das ungesunde weibliche Prinzip findet keine Fülle in der Verbindung, sondern Chaos in der Verschmelzung.

Mithilfe von IOS können Sie sowohl die gesunden als auch die ungesunden männlichen und weiblichen Aspekte erkennen, die in Ihnen selbst und in anderen wirken. Der Hinweis auf einen ungesunden Typus dient nicht dazu, Menschen negativ zu beurteilen, sondern dazu, uns empathischer auf sie einstellen und besser mit ihnen kommunizieren zu können.

Es gibt sogar Platz für viele Körper

Kehren wir noch einmal zu den Bewusstseinszuständen zurück, um einen weiteren Aspekt anzusprechen. Bewusstseinszustände schweben nicht körperlos in der Luft. Im Gegenteil: Jeder Zustand hat gewissermaßen seinen eigenen körperlichen Aspekt. Für jeden Bewusstseinszustand gibt es eine gefühlte energetische Komponente, ein verankertes Gefühl, ein konkretes Vehikel, das die tatsächliche Unterstützung für jeden Bewusstseinszustand bietet.

Nehmen wir ein einfaches Beispiel aus den Weisheitstraditionen. Da jeder von uns die drei großen Bewusstseinszustände erlebt – Wachen, Träumen und traumloser Schlaf – glauben manche Weisheitstraditionen, dass jeder von uns ebenfalls **drei Körperrepräsentationen** hat, die oft als **grobstofflicher Körper**, **feinstofflicher Körper** und **Kausalkörper** bezeichnet werden.

Wie ist das zu verstehen? In den Weisheitstraditionen bedeutet ein „Körper" einfach eine Art von Erfahrung oder energetischem Gefühl. Es gibt also „grobstoffliche" Erfahrungen, „subtile" oder verfeinerte Erfahrungen und sehr subtile oder „kausale" Erfahrungen. Dies sind das, was Philosophen „phänomenologische Realitäten" nennen würden, oder Realitäten, wie sie sich unserem unmittelbaren Erleben präsentieren. In diesem Augenblick haben wir Zugang zu einem „grobstofflichen" Körper und seiner grobstofflichen Energie, zu einem „feinstofflichen" Körper und seiner feinstofflichen Energie und zu einem „kausalen" Körper und seiner kausalen Energie.

Was sind Beispiele für diese drei Körper? Wenn wir uns in einem *Wachzustand* befinden, sind wir uns insbesondere unseres **grobstofflichen Körpers** bewusst – des physischen, materiellen, sensomotorischen Körpers. Aber wenn wir nachts träumen, haben wir ein anderes Körperbewusstsein, wir scheinen einen **subtilen Körper** aus Licht, Energie, emotionalen Gefühlen und fließenden Bildern zu haben. Im Traumzustand sind Geist und Seele frei, sich weite Welten vorzustellen, die nicht an grobe Sinneswahrnehmungen gebunden sind, sondern sich auf fast magische Weise ausdehnen, um anderen Seelen, anderen Menschen und weit entfernten Orten zu begegnen, wir erleben intensive und strahlende Bilder, die im Rhythmus der Herzenswünsche aufsteigen. Was für einen Körper haben wir also im Traum? Nun, einen **subtilen Körper** aus Gefühlen, Fantasien,

Bildern, sogar Licht. Und Träume sind nicht „nur Illusionen“. Wenn jemand wie Martin Luther King Jr. sagt: „Ich habe einen Traum“, dann ist das ein gutes Beispiel für die Nutzung des großen Potenzials des visionären Träumens, bei dem der feinstoffliche Körper und der GEIST frei werden, um zu ihren höchsten Möglichkeiten aufzusteigen.

Wenn man vom *Traumzustand* mit seinem subtilen Körper in den Tiefschlaf oder *formlosen Zustand* übergeht, fallen sogar Gedanken und Bilder weg, und es gibt nur eine große Leere, eine formlose Weite jenseits jedes individuellen „Ich“ oder Egos oder Selbst. Die großen Weisheitstraditionen meinen, dass wir in diesem Zustand – der wie eine Leere oder ein Nichts erscheinen mag – tatsächlich in ein riesiges formloses Reich eintauchen, eine große Leere oder den Grund des Seins, eine Ausdehnung des Bewusstseins, die fast unendlich erscheint. Zusammen mit dieser fast unendlichen Bewusstseinsausdehnung gibt es einen fast unendlichen Körper oder eine Energie – den **Kausalkörper**, den Körper der feinsten, subtilsten Erfahrung, eine große Formlosigkeit, aus der kreative Möglichkeiten entstehen können.

Natürlich erleben viele Menschen diesen tiefen Zustand nicht in dieser vollen Weise. Aber auch hier sind sich die Traditionen einig, dass dieser *formlose Zustand* und sein *Kausalkörper* in vollem Bewusstsein betreten werden können, woraufhin auch sie ihr außerordentliches Potenzial für Wachstum und Bewusstsein entfalten.

Noch einmal: Wann immer IOS angewendet wird, erinnert es uns daran, uns mit unseren Realitäten im Wachzustand, unseren Träumen, Visionen und innovativen Ideen im subtilen Zustand sowie mit unserem eigenen offenen, formlosen Seinsgrund der Potenzialität, der die Quelle von so viel Kreativität ist, zu verbinden. Der wichtige Punkt beim Integralen Ansatz ist, dass wir mit so vielen Möglichkeiten wie möglich in Berührung kommen wollen, um nichts zu übersehen, was mögliche Lösungen, Wachstum und Transformation betrifft.

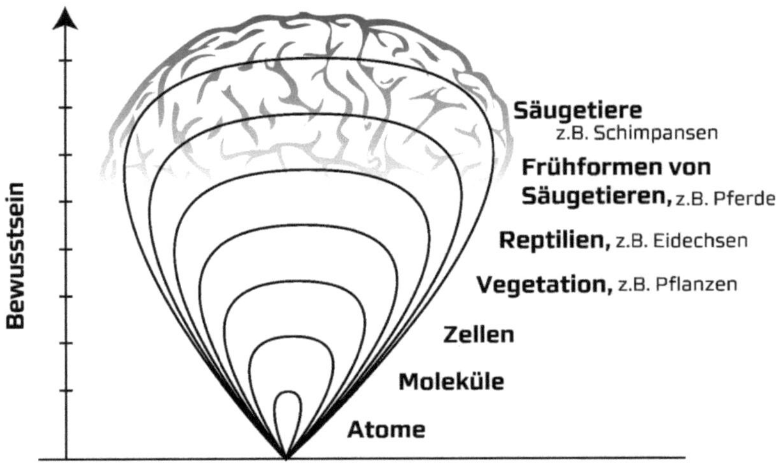

Abb. 5 Zunehmende Komplexität bedeutet zunehmende Bewusstheit

Bewusstsein und Komplexität

Vielleicht erscheint uns die Vorstellung von drei Körpern schwer annehmbar. Denken wir aber daran, dass damit phänomenologische Realitäten oder Erlebensweisen gemeint sind. Es gibt noch eine andere, weniger abwegig erscheinende Sichtweise, die sich auf nüchterne Wissenschaft stützt. Sie lautet: *Jede höhere Ebene der Bewusstseinsentwicklung ist mit einer höheren Ebene materiell-organischer Komplexität verbunden.* Je differenzierter und umfassender das Bewusstsein ist, desto komplexer ist das System, das es beherbergt.

Bei lebenden Organismen wird beispielsweise der **reptilienartige Hirnstamm** von einem rudimentären inneren Bewusstsein grundlegender Triebe wie Nahrung und Hunger, physiologischer Empfindungen und sensomotorischer Handlungen begleitet (alles, was wir vorne als „grob" bezeichneten und auf das „Ich" ausgerichtet war).

Wenn wir zum komplexeren **limbischen System der Säugetiere** gelangen, haben sich die grundlegenden Empfindungen erweitert und zu recht ausgefeilten Gefühlen, Wünschen, emotional-sexuellen Impulsen und Bedürfnissen entwickelt (daher der Beginn dessen, was wir als subtile Erfahrung oder den subtilen Körper bezeichnet haben, der sich vom „Ich" zum „Wir" erweitern kann).

Wenn die Evolution zu noch komplexeren physischen Strukturen fortschreitet, wie z. B. dem **Neokortex,** erweitert sich das Bewusstsein erneut zur Möglichkeit eines weltzentrischen Bewusstseins von „Wir alle“ (und beginnt damit sogar, etwas von dem zu erleben, was wir den Kausalkörper nannten).

Dies ist ein sehr einfaches Beispiel für die Tatsache, dass ein zunehmendes inneres Bewusstsein von einer zunehmenden äußeren Komplexität der Systeme begleitet wird, die es beherbergen. Bei der Verwendung von **IOS** betrachten wir häufig sowohl die **inneren Ebenen des Bewusstseins** als auch die entsprechenden **äußeren Ebenen der physischen Komplexität**, da die Einbeziehung beider Ebenen zu einem viel ausgewogeneren und umfassenderen Ansatz führt. Was das genau bedeutet, werden wir im nächsten Kapitel sehen.

3. AQAL – Alle Quadranten, alle Ebenen, alle Linien, alle Zustände, alle Typen

Wie passen alle Aspekte zusammen?
Was sind die Muster, die sie verbinden?

Das Integrale Modell wäre kein „Ganzes“, sondern ein Nebeneinander von unzusammenhängenden Aspekten, wenn es nicht darstellen könnte, wie all diese verschiedenen Komponenten miteinander in Beziehung stehen. Wie passen sie alle zusammen? Die Entdeckung der tiefgreifenden, **verbindenden Muster** ist eine wichtige Errungenschaft des Integralen Ansatzes.

In diesem Abschnitt werden wir diese Muster kurz skizzieren, die alle zusammen manchmal als **A-Q-A-L** (ausgesprochen *ah-quell*) bezeichnet werden, was eine Abkürzung für „alle Quadranten, alle Ebenen, alle Linien, alle Zustände, alle Typen“ ist – und das sind einfach die Komponenten, die wir bereits skizziert haben (außer den Quadranten, zu denen wir gleich kommen werden). **AQAL** ist nur ein anderer Begriff für den Integralen Ansatz, aber einer, der oft verwendet wird.

Zu Beginn dieser Einführung haben wir gesagt, dass alle fünf Komponenten des Integralen Ansatzes Elemente sind, die unserem bewussten Erleben *zur Verfügung stehen und* das gilt auch für die Quadranten.

Exkurs:[2] Ist Ihnen schon einmal aufgefallen, dass es in den großen Sprachen so genannte 1. Personen-, 2. Personen- und 3. Personenperspektiven gibt? Die **1. Personenperspektive** bezieht sich auf „die Person, die spricht“, was Pronomen wie *ich, mir, mein, mich* (im Singular) und *wir, uns, unser* (im Plural) einschließt. Die **2. Personenperspektive** bezieht sich auf „die Person, zu der gesprochen wird“, was Pronomen wie *du* und *dich/dir* einschließt. Die **3. Personenprespektive** bezieht sich auf „die Person oder Sache, über die gesprochen wird“, wie *er, sie, es* und *ihn/ihm, ihr/sie.*

2 Anm. d. Herausgeber: An dieser Stelle folgt ein Text über die Beziehung zwischen den Quadranten, Personalpronomen und den Idealwerten des „Schönen, des Wahren und des Guten“. Wir haben ihn als Exkurs bezeichnet, weil er an dieser Stelle u. E. ein Verständnis des Quadranten-Modells verkomplizieren könnte. Der Exkurs endet auf S. 40.

Wenn ich also mit Ihnen über mein neues Auto spreche, bin „ich“ 1. Person, „Sie“ sind 2. Person und das neue Auto (oder „es“) ist 3. Person. Wenn Sie und ich miteinander sprechen und kommunizieren, zeigen wir dies an, indem wir zum Beispiel das Wort „Wir“ verwenden, wie in „Wir verstehen uns“. „Wir“ ist grammatikalisch gesehen die 1. Person Plural, aber wenn Sie und ich kommunizieren, dann sind Ihre 2. Person und meine 1. Person Teil dieses außergewöhnlichen „Wir“. Daher wird die 2. Person manchmal als „du/wir“ oder manchmal einfach als „wir“ bezeichnet.

Wir können also 1., 2., und 3. Person als **„Ich**“, **„Wir**“ und **„Es**“ vereinfachen. Das erscheint möglicherweise trivial. Aber wie wäre es, wenn wir statt „Ich“, „Wir“ und „Es“ „das **Schöne**, das **Gute** und das **Wahre“** sagen würden? Und wie wäre es, wenn wir sagen würden, dass das Schöne, das Gute und das Wahre Dimensionen unseres eigenen Seins sind, und zwar in jedem einzelnen Moment, einschließlich jeder einzelnen Ebene des Wachstums und der Entwicklung? Und dass wir durch eine integrale Praxis immer tiefere Dimensionen unseres eigenen Guten, unserer eigenen Wahrheit und unserer eigenen Schönheit entdecken können?

Das erscheint uns definitiv interessanter. Das Schöne, das Gute und das Wahre lassen sich als Variationen der 1., 2. und 3. Personalpronomen, die es in allen großen Sprachen gibt, auffassen und sie sind in allen großen Sprachen zu finden, weil das Schöne, das Gute und das Wahre sehr reale Dimensionen der Wirklichkeit sind, an die sich die Sprache angepasst hat. Die dritte Person (oder „Es“) bezieht sich auf die objektive Wahrheit, die am besten von der Wissenschaft untersucht wird. Die Person zwei (oder „Du/Wir“) bezieht sich auf das Gute, oder die Art und Weise, wie wir einander behandeln, und ob wir dies mit Anstand, Ehrlichkeit und Respekt tun. Mit anderen Worten: grundlegende Moral. Und die erste Person beschäftigt sich mit dem „Ich“, mit dem Selbst und dem Selbstausdruck, mit Kunst und Ästhetik und der Schönheit, die im Auge (oder dem „Ich“) des Betrachters liegt.

Die Dimensionen „Ich“, „Wir“ und „Es“ der Erfahrung lassen sich in Beziehung setzen zu **Kunst**, **Moral** und **Wissenschaft**. Oder das **Selbst**, die **Kultur** und die **Natur**. Oder das **Schöne**, das **Gute** und das **Wahre**. Der Punkt ist, dass *jedes* Ereignis in der manifesten Welt *alle drei dieser Dimensionen hat.* Man kann jedes Ereignis aus der Sicht des „Ich“ (oder wie ich persönlich das Ereignis sehe und empfinde), aus der Sicht des

„Wir“ (wie nicht nur ich, sondern auch Andere das Ereignis sehen) und als „Es“ (oder die objektiven Fakten des Ereignisses) betrachten. Ein ganzheitlich informierter Weg wird also alle diese Dimensionen berücksichtigen und so zu einem umfassenderen und wirksameren Ansatz gelangen – im „Ich“ und im „Wir“ und im „Es“ – oder im Selbst und in der Kultur und der Natur.

Wenn man die Wissenschaft, die Kunst oder die Moral weglässt, wird etwas fehlen, wird etwas kaputtgehen. Das Selbst und die Kultur und die Natur werden zusammen befreit oder gar nicht. Diese Dimensionen von „Ich“, „Wir“ und „Es“ sind so grundlegend, dass wir sie die 4 Quadranten nennen und sie zur Grundlage des integralen Rahmens oder IOS machen. (Wir kommen auf „4“ Quadranten, indem wir „Es“ in Singular „Es“ und Plural „Es“ unterteilen).

Ende des Exkurses

Die 4 Quadranten sind 4 Perspektiven und Dimensionen, wie man alle Phänomene betrachten kann. Jede Sache oder jedes Ereignis lässt sich sowohl von innen als auch von außen und sowohl individuell als auch kollektiv sehen.

Abbildung 6 auf der nächsten Seite ist eine schematische Darstellung der 4 Quadranten. Sie zeigt das „Ich“ (die Innenseite des Individuums), das „Es“ (die Außenseite des Individuums), das „Wir“ (die Innenseite des Kollektivs) und das „Sie“ (die Außenseite des Kollektivs). Mit anderen Worten, die vier Quadranten – die vier grundlegenden Perspektiven oder die vier grundlegenden Arten, wie man alles betrachten kann – erweisen sich als ziemlich einfach: Sie sind das Innere und das Äußere des Individuums und des Kollektivs.

Die Abbildungen 6 und 7 zeigen einige der Details der 4 Quadranten. (Bei einigen dieser Begriffe handelt es sich um Fachausdrücke, mit denen wir uns in dieser grundlegenden Einführung nicht zu befassen brauchen; schauen wir uns einfach die Diagramme an, um ein Gefühl für die verschiedenen Arten von „Dingen“ zu bekommen, die wir in jedem der Quadranten finden könnten.)

Im oberen linken Quadranten (dem Inneren des Individuums) finden wir beispielsweise unsere eigenen unmittelbaren Gedanken, Gefühle, Empfindungen usw. (die alle in der ersten Person beschrieben werden).

	Innerlich	Äußerlich
Individuell	**Oben links** **ICH** Subjektiv Bewusstseinszustände Erlebensweisen Wahrnehmungen Fantasien Emotionen Intuitionen Gedanken	**Oben rechts** **ES** Objektiv Körper und Gehirn Alles, was sich äußerlich wahrnehmen (anfassen, sehen, hören, riechen, schmecken) und überprüfen lässt Verhaltensweisen
Kollektiv	**WIR** Intersubjektiv Kultur Religionen Ideologien Sprache Gemeinsame Werte, Regeln und Überzeugungen Gruppen- und Gemeinschaftsidentät **Unten links**	**SIE** Interobjektiv Umwelt Systeme Netzwerke Technologie Organisationen Politische Gruppierungen **Unten rechts**

Abb. 6 Die 4 Quadranten sind 4 Perspektiven, aus denen man alle Phänomene betrachten kann. Man kann jede Sache oder jedes Ereignis sowohl von innen als auch von außen und sowohl individuell als auch kollektiv anschauen.

Wenn wir uns jedoch von außen betrachten, also nicht im Sinne des subjektiven Bewusstseins, sondern der objektiven Wissenschaft, finden Sie Neurotransmitter, ein limbisches System, den Neokortex, komplexe molekulare Strukturen, Zellen, Organsysteme, die DNA usw. – alles in objektiven Begriffen der dritten Person beschrieben („Es" und „Sie").

Der obere rechte Quadrant ist also das, was jedes einzelne Ereignis von außen betrachtet. Dazu gehören vor allem sein physisches Verhalten, seine materiellen Komponenten, seine Materie und Energie und sein konkreter Körper – denn all das sind Dinge, auf die man sich in einer Art objektiven 3. Person-Begriff beziehen kann. So sehen wir oder unser Organismus von

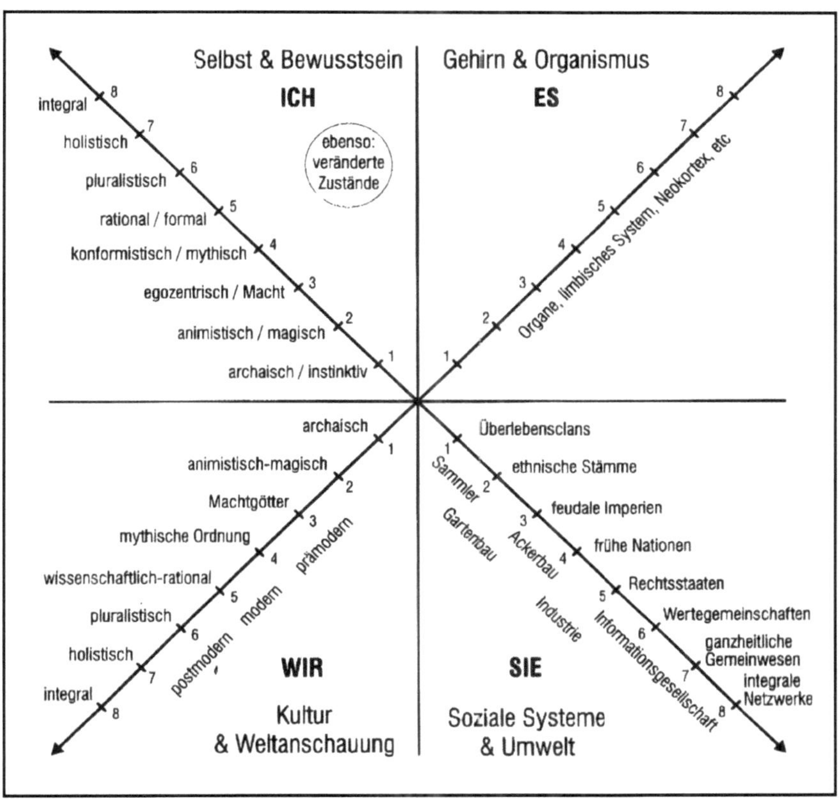

Abb. 7 Einige allgemeine Entwicklungsstufen in den Quadranten

außen aus, aus einer objektiven Es-Position heraus, die aus Materie und Energie und Objekten besteht. Hingegen können wir in unserem Inneren keine Synapsen und Neurotransmitter sehen, sondern erleben Gefühle, keine limbischen Systeme, sondern intensive Wünsche, keinen Neokortex, sondern innere Visionen, keine Materie-Energie, sondern Bewusstsein. Dies alles ist nur aus der **1. Person** heraus beschreibbar. Welche dieser Perspektiven ist nun richtig? Nach dem Integralen Ansatz sind beide richtig. Es sind zwei verschiedene Sichtweisen desselben Ereignisses, nämlich von uns selbst. Die Probleme beginnen, wenn wir versuchen, eine dieser Perspektiven zu leugnen oder zu verwerfen. Alle 4 Quadranten müssen in eine ganzheitliche Betrachtung einbezogen werden.

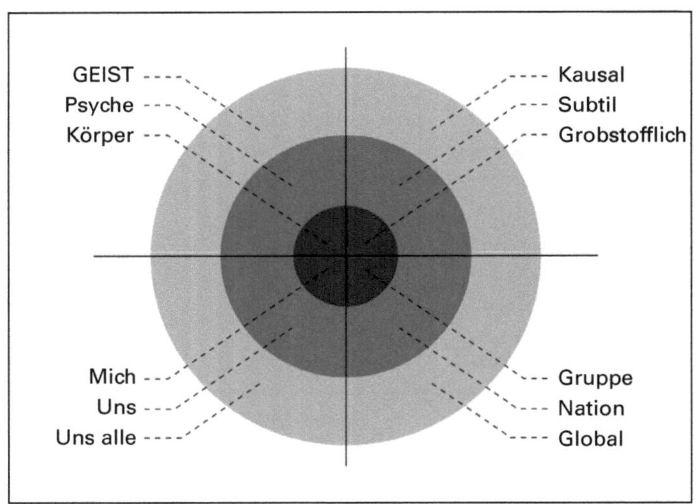

Abb. 8 AQAL In diesem Diagramm sind nur drei elementare Entwicklungsstufen dargestellt. Es können natürlich noch viel mehr Stufen einbezogen werden, wie z. B. an Abb. 7 zu sehen ist.

Gehen wir etwas weiter. Beachten wir, dass jedes „Ich" in Beziehung zu anderen „Ichs" steht, was bedeutet, dass jedes „Ich" ein Mitglied zahlreicher „Wirs" ist. Diese „Wir" repräsentieren nicht nur das *individuelle*, sondern auch das *Gruppen-* (oder *kollektive*) Bewusstsein, nicht nur das subjektive, sondern auch das intersubjektive Bewusstsein – oder die **Kultur** im weitesten Sinne. Dies wird im **Quadranten unten links** dargestellt. Ebenso hat jedes „Wir" ein Äußeres, oder wie es von außen aussieht, und das ist der Quadrant **unten rechts**. Die untere linke Seite wird oft als die **kulturelle** Dimension bezeichnet (oder das innere Bewusstsein der Gruppe – ihre Weltanschauung, ihre gemeinsamen Werte, ihre gemeinsamen Gefühle usw.). Die untere rechte Seite repräsentiert die Umwelt und die konkrete äußere gesellschaftliche Dimension (oder die äußeren Formen und Verhaltensweisen der Gruppe, die von den 3. Person-Wissenschaften wie der Systemtheorie untersucht werden).

Ein Rundgang durch die Quadranten

Wir sind nun an einem Punkt angelangt, an dem wir beginnen können, alle Teile zusammenzufügen: Quadranten, Ebenen, Linien, Zustände und Typen. Lassen Sie uns also einen Rundgang durch die Quadranten machen und alle fünf Elemente zu einem integralen Ganzen zusammenfügen. Beginnen wir mit den **Ebenen** oder **Stufen**.

Alle Teile der 4 Quadranten zeigen Wachstum, Entwicklung oder Evolution. Das heißt, sie zeigen alle eine Art von Stadien oder Stufen der Entwicklung, nicht als starre Sprossen auf einer Leiter, sondern als fließende und sich entfaltende Wellen. Dies geschieht überall in der Natur, so wie sich eine Eiche aus einer Eichel durch verschiedene Wachstums- und Entwicklungsstadien entfaltet oder ein Sibirischer Tiger sich aus einem befruchteten Ei zu einem erwachsenen Organismus in wunderbar definierten Wachstums- und Entwicklungsstadien entwickelt.

Das gilt in gewisser Hinsicht auch für den Menschen. Wir haben bereits einige dieser Stufen gesehen, wie sie auf den Menschen zutreffen. In der oberen linken oder „Ich"-Stufe entfaltet sich das Selbst zum Beispiel von der Egozentrik über die Ethnozentrik zur Weltzentrik oder vom *Körper* über die *Psyche* zum *GEIST* (vgl dazu ausführlicher S. 19 ff.)

Gehen wir von den **Ebenen** zu den **Entwicklungslinien** über. Entwicklungslinien kommen in allen 4 Quadranten vor, aber da wir uns auf die persönliche Entwicklung konzentrieren, können wir uns ansehen, wie einige dieser Entwicklungslinien im oberen linken Quadranten erscheinen.

Wie wir gesehen haben (vgl. S. 24 ff.) gibt es über ein Dutzend verschiedene multiple Intelligenzen oder Entwicklungslinien. Einige der wichtigsten sind:

- die **kognitive** Linie (oder das Bewusstsein für das, was ist)
- die **emotionale oder affektive** Linie (das gesamte Spektrum der Gefühle)
- die **zwischenmenschliche** Linie (wie ich mich sozial zu anderen verhalte)
- die **psychosexuelle** Linie, die im weitesten Sinne das gesamte Spektrum des Eros umfasst (grob, subtil und kausal)
- die **moralische** Linie (Bewusstsein für das, was sein sollte)

- die **spirituelle** Linie (wobei „GEIST" nicht nur als Grund und nicht nur als höchste Stufe, sondern als eigene Linie der Entfaltung betrachtet wird).

Weitere multiple Intelligenzen, die nicht im Diagramm gezeigt werden, sind:

- die Linie der **Werte** (oder das, was eine Person für am wichtigsten hält, eine Linie, die von Clare Graves untersucht und durch Spiral Dynamics populär gemacht wurde)
- die **ästhetische** Linie (oder die Linie des Selbstausdrucks, der Schönheit, der Kunst und der gefühlten Bedeutung)
- die **Bedürfnislinie** (z. B. die Maslowsche Bedürfnishierarchie)
- die **Selbstidentitätslinie** (z. B. die Ich-Entwicklung nach Loevinger)

Alle diese Entwicklungslinien können sich entsprechend der grundlegenden Ebenen oder Stufen bewegen. Sie alle können in das Psychogramm aufgenommen werden. Wenn wir Karten wie die von Robert Kegan, Jane Loevinger oder Clare Graves verwenden, dann hätten wir fünf, acht oder noch mehr Stufen der Entwicklung, mit denen wir die natürliche Entfaltung der Entwicklungslinien verfolgen könnten. Auch hier geht es nicht darum, was davon richtig oder falsch ist; es geht darum, wie viel „Granularität" oder „Komplexität" man braucht, um eine bestimmte Situation besser zu verstehen.

Wir haben bereits ein Diagramm eines Psychogramms gezeigt (Abb. 3, S. 24). Abbildung 9 ist ein weiteres, das einer Präsentation der Notre Dame Business School entnommen ist, die das AQAL-Modell in der Lehre der integralen Führung verwendet.

Wie bereits erwähnt, gibt es in allen Quadranten Entwicklungslinien. Wir haben uns in der Abbildung 9 nur auf die im oberen linken Quadranten konzentriert. Im Quadranten Oben-Rechts („Es") ist, was den Menschen betrifft, eine der wichtigsten die körperliche Materie-Energie-Linie, die, wie wir gesehen haben, von der grobstofflichen Energie über die feinstoffliche Energie zur kausalen Energie verläuft. Als Entwicklungssequenz bezieht sich dies auf die permanente Aneignung der Fähigkeit, bewusst zu handeln. Der obere rechte Quadrant bezieht sich auch auf alle

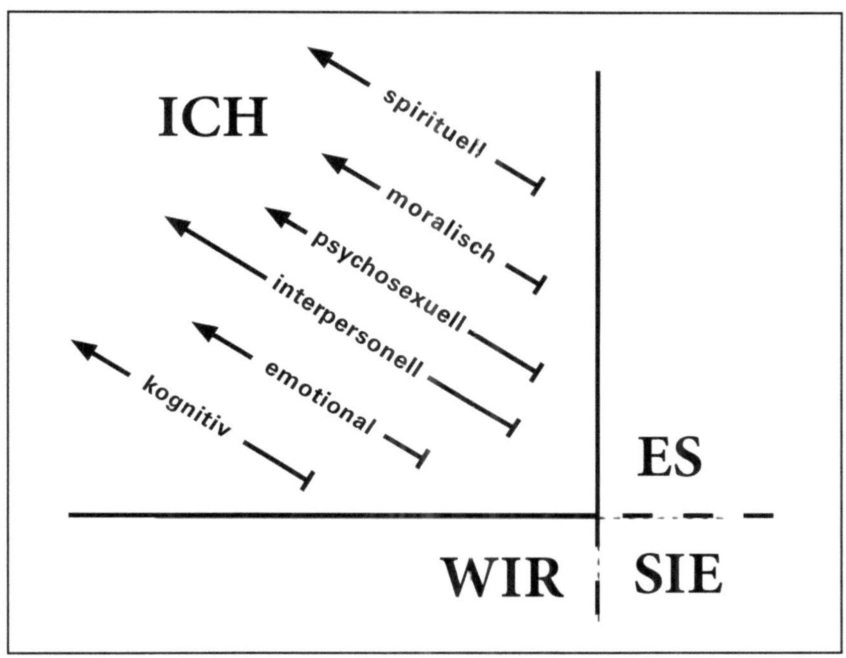

Abb. 9 Multiple Intelligenzen (Entwicklungslinien)

äußeren Verhaltensweisen, Handlungen und Bewegungen unseres objektiven Körpers (grob, feinstofflich oder kausal).

Im linken unteren Quadranten („Wir") bewegt sich die kulturelle Entwicklung oft in Stufen, die dem entsprechen, was der geniale Pionier Jean Gebser als *archaisch*, *magisch*, *mythisch*, *mental*, *integral* und höher bezeichnete.

Im Quadranten Unten-Rechts („Sie") untersucht die Systemtheorie die kollektiven sozialen Systeme, die sich entwickeln und die beim Menschen etwa Folgendes umfassen: Stufen wie *Jagen und Sammeln*, *Agrarwirtschaft*, *Industrie* und *Informationssysteme*. In Abbildung 8 haben wir dies auf „Gruppe, Nation und Global" vereinfacht, aber die allgemeine Idee ist einfach die der sich entfaltenden Ebenen größerer sozialer Komplexität, die in breitere Systeme integriert sind.

Wie gesagt, für diesen einfachen Überblick sind Details nicht so wichtig wie ein allgemeines Verständnis der sich entfaltenden oder *erblühenden*

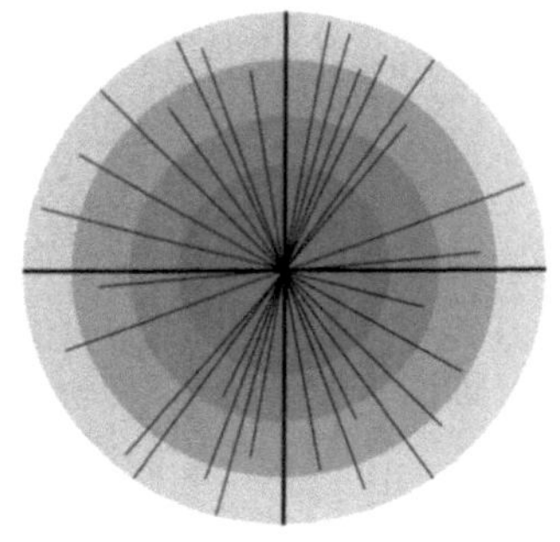

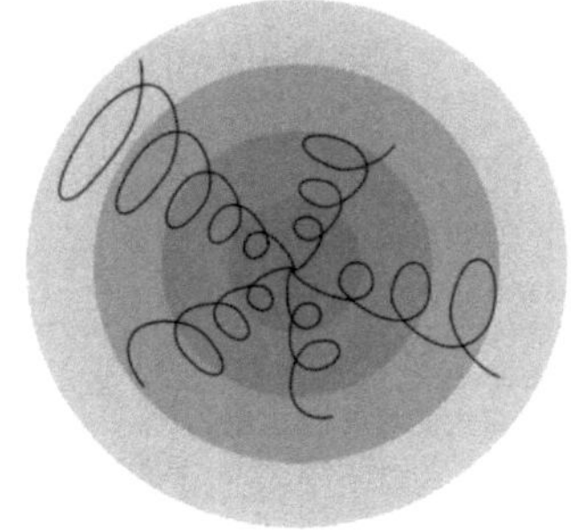

Abb. 10
Quadranten, Ebenen und Linien

Abb. 11
Spiralförmige Ströme und Wellen

Natur aller 4 Quadranten. Kurz gesagt, das „Ich" und das „Wir", das „Es" und das „Sie" können sich gemeinsam entwickeln. Das Selbst und die Kultur und die Natur können sich alle in fast unendlichen Aspekten und Entwicklungsstufen, die von Atomen bis zu Supernovas, Zellen bis zu Gaia, Staub bis zur Göttlichkeit reichen, entfalten.

Wenn wir uns über ihre Grenzen im Klaren sind, können Diagramme hier oft hilfreich sein. Abbildung 10 zeigt uns die Quadranten, Ebenen und Linien (diese Abbildung 10 stammt übrigens aus einem Diagramm, das von UNICEF zur Analyse der weltweiten Muster des Hungers bei Kindern verwendet wird). In Abb. 11 sind die die „Linien" als „Spiralen" dargestellt, was auf die spiralförmige Natur vieler Entwicklungslinien hinweist. Aber wie auch immer sie dargestellt werden, alle 4 Quadranten sind voll davon.

Wenn wir ein Verständnis dieser einfachen Zusammenhänge gewonnen haben, ist der Rest ziemlich einfach. **Zustände** kommen in allen Quadranten vor (von Bewusstseinszuständen bis zu Wetterzuständen). Wenn einer dieser Zustände zu einer dauerhaften Errungenschaft wird, handelt es sich natürlich um Stufen und nicht um Zustände.

Es gibt auch **Typen** in allen Quadranten, aber wir haben uns hier nur auf die *männlichen* und *weiblichen* Typen konzentriert, wie sie in Einzelpersonen auftreten (vgl. S. 26 ff.). Das männliche Prinzip identifiziert sich mehr mit autonomen Handlungen und das weibliche mehr mit der Beziehung und Gemeinschaft, wobei jeder Mensch beide Komponenten besitzt. Schließlich gibt es, wie wir gesehen haben, in allen verfügbaren

Stadien einen **ungesunden Typus** von männlich und weiblich – kranker Mann und kranke Frau in allen Entwicklungslinien.

Klingt das kompliziert? In gewisser Weise ist es das. Aber in einem anderen Sinne kann das Verständnis für die außerordentliche Komplexität des Menschen und seiner Beziehung zum Universum sehr vereinfacht werden, wenn man sich mit den **Quadranten** auseinandersetzt, mit **Entwicklungslinien** (oder multiplen Intelligenzen), die sich alle durch **Entwicklungsebenen** bewegen (vom Körper über die Psyche zum GEIST); mit **Zuständen** und **Typen** auf jeder dieser Ebenen.

Das **Integrale Modell** – „alle Quadranten, alle Ebenen, alle Linien, alle Zustände, alle Typen" – ist das einfachste Modell, das alle wirklich wesentlichen Elemente berücksichtigen kann. Manchmal verkürzen wir das Ganze auf „alle Quadranten, alle Ebenen" – oder **AQAL** – wobei die Quadranten zum Beispiel das Selbst, die Kultur/Gesellschaft und die Natur sind und die Ebenen Körper, Psyche und GEIST umfassen. So können wir sagen, dass der Integrale Ansatz die **Kultivierung von Körper, Seele und GEIST in Selbst, Kultur/Gesellschaft und Natur** beinhaltet.

Lassen Sie uns diese „Einführung in AQAL-Basic" mit ein paar kurzen Beispielen für seine Anwendungen abschließen – in der Medizin, der Wirtschaft, der Spiritualität, der Ökologie und in Ihrem persönlichen Leben. Dann wird das **Integrale Modell** für uns wirklich lebendig.

Oben links Subjektiv **Alternative Behandlung** Emotionen Einstellungen Imagination Visualisation **ICH**	**Oben rechts** Objektiv **Schulmedizin** Chirurgie Betäubungsmittel Medikamentöse Behandlung Verhaltensmodifikation **ES**
WIR **Kulturelle Aspekte** Gruppenwerte Kulturelle Werte Bedeutung von Krankheit Selbsthilfegruppen **Unten links** Intersubjektiv	**SIE** **Funktionale Übereinstimmung** Gesundheitssystem Wirtschaft Umwelt **Unten rechts** Interobjektiv

Abb. 12 Vier Quadranten der Integralen Medizin

4 Praktische Anwendungen

Die Integrale Theorie könnte die erste wirklich umfassende Weltphilosophie sein. Aber wie sieht die Integrale Vision in der Praxis aus – in Aktion? Auf der ganzen Welt wenden Tausende von Menschen die Integrale Vision in Dutzenden von verschiedenen Bereichen an, von der Kunst bis zur Ökologie, von der Medizin bis zur Kriminologie, von der Wirtschaft bis zur persönlichen Transformation. Da ein integraler Rahmen ausdrücklich mehr Wahrheit und mehr Potenziale als jeder andere Ansatz nutzt und einbezieht, macht er die eigene Arbeit in jedem Bereich radikal effektiver und erfüllender.

Integrale Medizin

Nirgendwo ist das Integrale Modell unmittelbarer anwendbar als in der Medizin, und es wird zunehmend von Ärzten in aller Welt übernommen. Eine kurze Reise durch die Quadranten wird zeigen, warum das Integrale Modell hilfreich sein kann (siehe Abb. 12).

Die orthodoxe oder konventionelle Medizin ist ein klassischer Ansatz des **oberen rechten Quadranten**. Sie befasst sich fast ausschließlich mit dem physischen Organismus und setzt physische Interventionen ein: Chirurgie, Drogen, Medikamente und Verhaltensänderungen. Die orthodoxe Medizin glaubt im Wesentlichen an physische Ursachen einer physischen Krankheit und verschreibt daher hauptsächlich physische Interventionen. Das Integrale Modell behauptet jedoch, dass jedes physische Ereignis mindestens 4 Dimensionen (die Quadranten) hat, und daher muss auch physische Krankheit von allen 4 Quadranten aus betrachtet werden (ganz zu schweigen von den Ebenen, auf die wir später eingehen werden). Das integrale Modell behauptet nicht, dass der obere rechte Quadrant nicht wichtig ist, sondern nur, dass er sozusagen nur ein Viertel der Geschichte ausmacht.

Die jüngste Explosion des Interesses an alternativen Behandlungsmethoden – ganz zu schweigen von Disziplinen wie der Psychosomatik und der Psychoneuroimmunologie – hat deutlich gemacht, dass die *inneren Zustände* des Menschen (seine Emotionen, seine Belastungen und Konflikte, seine psychologische Einstellung, seine Vorstellungen und seine Bedürfnisse) sowohl bei der *Ursache* als auch bei der *Heilung* selbst körperlicher Krankheiten eine wichtige Rolle spielen. Mit anderen Worten: Der **obere linke Quadrant** sollte ein Bestandteil jeder umfassenden medizinischen Behandlung sein. Visualisierung, Affirmation und der bewusste Einsatz von Bildern können bei der Behandlung der meisten Krankheiten eine wichtige Rolle spielen, und es hat sich gezeigt, dass die Ergebnisse von der emotionalen Verfassung und der geistigen Einstellung abhängen.

Doch so wichtig diese subjektiven Faktoren auch sind, das individuelle Bewusstsein existiert nicht im luftleeren Raum; es ist untrennbar in gemeinsame kulturelle Werte, Überzeugungen und Weltanschauungen eingebettet. Die Art und Weise, wie eine Kultur (unten links) eine bestimmte Krankheit betrachtet – mit Fürsorge und Mitgefühl oder mit Spott und Hohn – kann einen tiefgreifenden Einfluss darauf haben, wie ein Individuum mit dieser Krankheit umgeht (oben links), was sich direkt auf den Verlauf der körperlichen Krankheit selbst auswirken kann (oben rechts).

Der **linke untere Quadrant** umfasst all die zahlreichen *intersubjektiven* Faktoren, die in jeder menschlichen Interaktion von entscheidender Bedeutung sind – wie die gemeinsame Kommunikation zwischen Arzt und Patient, die Einstellung von Familie und Freunden und wie sie dem Patienten vermittelt wird, die kulturelle Akzeptanz (oder Ablehnung) der jeweiligen Krankheit (z. B. AIDS) und die Werte der Kultur, die durch die Krankheit selbst bedroht werden. Alle diese Faktoren sind bis zu einem gewissen Grad ursächlich für jede körperliche Krankheit und Heilung (einfach deshalb, weil es *bei jeder* Gelegenheit vier Quadranten gibt).

In der Praxis muss sich dieser Quadrant natürlich auf die Faktoren beschränken, die wirksam einbezogen werden können – etwa die Kommunikationsfähigkeiten von Arzt und Patient, Selbsthilfegruppen für Angehörige und Freunde sowie ein allgemeines Verständnis kultureller Wertungen und ihrer Auswirkungen auf die Krankheit. Studien zeigen beispielsweise immer wieder, dass Krebspatienten, die an Selbsthilfegruppen teilnehmen, länger leben als Patienten ohne ähnliche kulturelle Unterstützung. Einige der wichtigeren Faktoren aus dem linken unteren Quadranten sind daher für eine umfassende medizinische Versorgung von entscheidender Bedeutung.

Der **Quadrant unten rechts** betrifft all jene materiellen, wirtschaftlichen und sozialen Faktoren, die fast nie als Teil der Krankheit angesehen werden, die aber tatsächlich – wie jeder andere Quadrant – sowohl für die Krankheit als auch für die Heilung *ursächlich* sind. Ein Sozialsystem, das keine Nahrungsmittel liefern kann, wird Menschen umbringen (wie die von Hungersnöten heimgesuchten Länder leider täglich beweisen).

In der realen Welt, in der jede Einheit alle 4 Quadranten hat, könnte ein Virus im oberen rechten Quadranten das Hauptproblem sein, aber ohne ein soziales System (unten rechts), das eine Behandlung liefern kann, können wir sterben. Das ist kein separates Thema, sondern ein zentrales Thema, denn bei allen Ereignissen spielen immer die 4 Quadranten hinein. Der untere rechte Quadrant umfasst Faktoren wie Wirtschaft, Versicherung, soziale Versorgungssysteme und sogar so einfache Dinge wie die räumliche Gestaltung eines Krankenhauszimmers (ermöglicht es Bewegungsfreiheit, Zugang zu Besuchern usw.) – ganz zu schweigen von Dingen wie Umweltgiften.

Die vorgenannten Punkte beziehen sich auf den „Alle-Quadranten"-Aspekt der Krankheitsursache und -behandlung. Der „Alle-Ebenen"-Teil bezieht sich auf die Tatsache, dass Individuen in jedem dieser Quadranten zumindest körperliche, emotionale, mentale und spirituelle *Ebenen* haben (siehe Abb. 8). Einige Krankheiten haben hauptsächlich physische Ursachen und physische Heilungsmöglichkeiten (von einem Bus angefahren werden, sich das Bein brechen). Die meisten Krankheiten haben jedoch Ursachen und Heilungsmöglichkeiten, die *emotionale, mentale* und *spirituelle* Komponenten beinhalten. Buchstäblich Hunderte von Forschern aus der ganzen Welt haben unser Verständnis der „vielschichtigen" Natur von Krankheit und Heilung stark erweitert (einschließlich vieler Ergänzungen aus den großen Weisheitstraditionen, von schamanisch bis tibetisch-buddhistisch). Durch die Hinzufügung dieser Ebenen zu den Quadranten beginnt ein viel umfassenderes – und effektiveres – medizinisches Modell zu entstehen.

Kurz gesagt, ein wirklich effektiver und umfassender medizinischer Plan würde alle Quadranten und alle Ebenen umfassen: Jeder Quadrant oder jede Perspektive hat physische, emotionale, mentale und spirituelle Ebenen und eine wirklich integrale Behandlung würde alle diese Realitäten berücksichtigen. Diese Art der integralen Behandlung ist nicht nur *wirksamer, sondern auch kostengünstiger,* weshalb sie auch in der Organisationsmedizin immer mehr Beachtung findet.

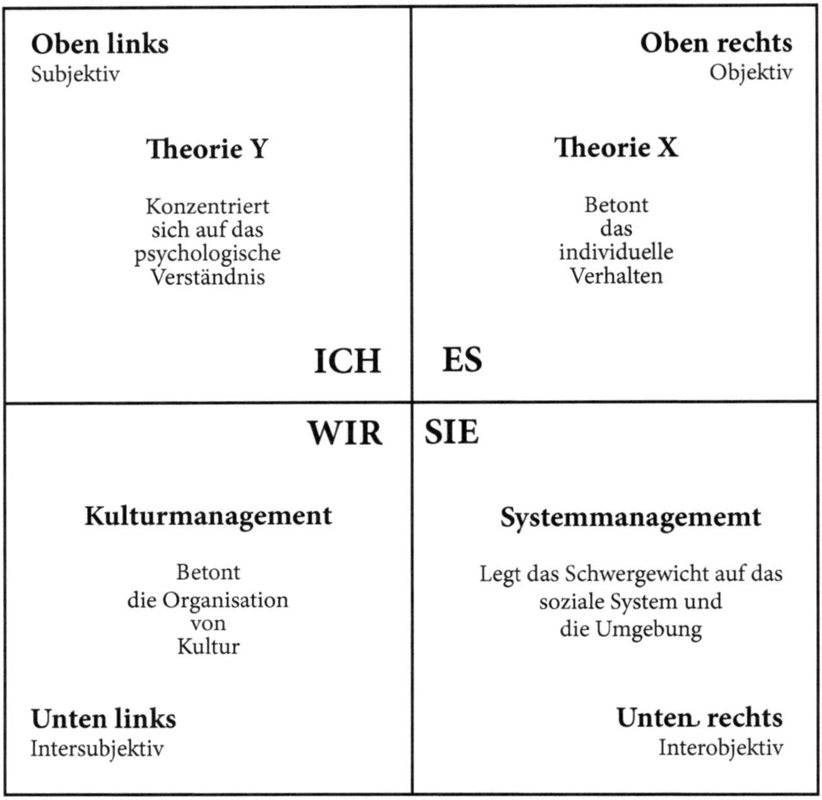

Oben links Subjektiv **Theorie Y** Konzentriert sich auf das psychologische Verständnis **ICH**	**Oben rechts** Objektiv **Theorie X** Betont das individuelle Verhalten **ES**
WIR **Kulturmanagement** Betont die Organisation von Kultur **Unten links** Intersubjektiv	**SIE** **Systemmanagememt** Legt das Schwergewicht auf das soziale System und die Umgebung **Unten rechts** Interobjektiv

Abb. 13 Vier Quadranten des Integralen Business

Integrales Business

Die Anwendungen des Integralen Modells sind in jüngster Zeit in der Geschäftswelt und in Führungspositionen geradezu explodiert, weil die Anwendungen so unmittelbar und offensichtlich sind. Die Quadranten (Abb. 13) geben die vier „Umgebungen" oder „Märkte" an, in denen ein Produkt überleben muss, und die Stufen geben die Wertetypen an, die das Produkt sowohl herstellen als auch kaufen werden. Die Erforschung der Wertehierarchie – wie die von Maslow und Graves (z. B. Spiral Dynamics), die bereits einen großen Einfluss auf die Wirtschaft hatten – kann mit den Quadranten (die zeigen, wie diese Werteebenen in den vier verschiedenen Umgebungen erscheinen) kombiniert werden, um eine wirklich umfassende Karte des Marktes zu erhalten (die sowohl traditionelle Märkte als auch Cybermärkte umfasst).

Darüber hinaus haben auch Ausbildungsprogramme für Integrale Führung, die auf einem integralen oder AQAL-Modell basieren, zu florieren begonnen. Es gibt heute vier große Theorien der Unternehmensführung (Theorie X, die das individuelle Verhalten betont; Theorie Y, die sich auf das psychologische Verständnis konzentriert; Kulturmanagement, das die Organisationskultur betont; und Systemmanagement, das das soziale System und seine Steuerung betont). Diese 4 Managementtheorien sind in der Tat die 4 Quadranten, und ein integraler Ansatz würde notwendigerweise alle 4 Ansätze beinhalten. Wenn man die Ebenen und Linien hinzufügt, entsteht ein reichhaltiges und ausgeklügeltes Modell der Führung, das bei Weitem das umfassendste ist, das heute verfügbar ist.

Integrale Ökologie

Die integrale oder AQAL-Ökologie wurde bereits von mehreren Mitarbeitern des Integral Instituts entwickelt und verspricht, sowohl die Art und Weise, wie wir über Umweltprobleme denken, als auch die Art und Weise, wie wir sie pragmatisch angehen und lösen, zu revolutionieren.

Der Grundgedanke ist einfach: Alles, was weniger als ein integraler oder umfassender Ansatz für Umweltfragen ist, ist zum Scheitern verurteilt. Sowohl der innere (oder linke) als auch der äußere (oder rechte) Quadrant müssen berücksichtigt werden. Äußere ökologische Nachhaltigkeit ist eindeutig erforderlich; aber ohne Wachstum und Entwicklung in den **inneren** Bereichen auf ein weltzentrisches Niveau von Werten und Bewusstsein bleibt die Umwelt ernsthaft gefährdet. Wer sich nur auf äußere Lösungen konzentriert, trägt zum Problem bei. Selbst, Kultur und Natur müssen gemeinsam befreit werden oder gar nicht. Wie dies zu erreichen ist, steht im Mittelpunkt der Integralen Ökologie.

Beziehungsorientierte und sozial engagierte Spiritualität

Die wichtigste Implikation eines AQAL-Ansatzes zur Spiritualität ist, dass die körperlichen, emotionalen, mentalen und spirituellen Ebenen des Seins gleichzeitig im Selbst, in der Kultur und in der Natur (d. h. in den Bereichen Ich, Wir, Es und Sie) ausgeübt werden sollten. Es gibt viele Variationen dieses Themas, die von sozial engagierter Spiritualität bis hin zu Beziehungen als spirituellem Weg reichen, und wir beziehen all diese wichtigen Beiträge in die Integrale Lebenspraxis ein (siehe Kap. 6). Die Implikationen einer Integralen Spiritualität sind tiefgreifend und weit verbreitet und fangen gerade erst an, Wirkung zu zeigen.

Bevor wir jedoch vollständig verstehen können, was „integrale Spiritualität" bedeutet, müssen wir die Bedeutung von „Spiritualität" selbst verstehen. Und hier stoßen wir auf ein Dickicht von Problemen. Aber der integrale Ansatz behauptet, sie alle gelöst zu haben. Das soll jetzt jetzt überprüft werden.

5 Spirituell, aber nicht religiös

Sind Sie das?

Warum ist die Religion eine so komplexe, verwirrende und polarisierende Kraft in der Welt? Wie kann etwas, das auf der einen Seite so viel Liebe und Leben lehrt, auf der anderen Seite die Ursache für so viel Tod und Zerstörung sein?

Oberflächliche Antworten werden hier nicht funktionieren. Dies ist vielleicht das ernsteste Problem, mit dem ein Mensch – oder die Welt selbst – jemals konfrontiert sein wird. Der Integrale Ansatz ist dafür bekannt, „allem einen Sinn zu geben". Kann er aber auch hier dabei helfen, einen Sinn zu finden? Auf jeden Fall. Aber es ist schwierig, denn das, was die Menschen „Spiritualität" nennen, hat mindestens fünf sehr unterschiedliche Bedeutungen, die sich auf verschiedene Quadranten, Ebenen, Linien, Zustände und Typen beziehen. Aber wenn wir das berücksichtigen – wenn wir eine AQAL-Sichtweise einnehmen – gibt es einen Platz für praktisch alle verschiedenen Ansätze zu diesem Thema, und die ganze Sache beginnt verständlich zu werden.

Regenbogenwellen und schimmernde Bäche

Beginnen wir mit dem oberen linken Quadranten, also dem Inneren eines Menschen, und sehen wir uns das faszinierende Phänomen der multiplen Intelligenzen (oder Entwicklungslinien) genauer an. Wir haben bereits gesehen, dass jeder von uns über mindestens ein Dutzend wichtiger Entwicklungslinien verfügt, darunter Bedürfnisse, Werte, Kognition, Moral und Selbst. Jede dieser Entwicklungslinien ist von zahlreichen Entwicklungsforschern untersucht worden. Abbildung 14 (nächste Seite) ist ein Psychogramm, das die Ergebnisse einiger der bekanntesten und angesehensten dieser Forscher zusammenfasst.

Zu Beginn werden Sie vielleicht feststellen, dass die Ebenen des Bewusstseins auch mit den Farben des Regenbogens dargestellt werden. Dies ist eine gängige Praxis in den Weisheitstraditionen und ermöglicht uns, die Ebenen auf eine sehr allgemeine und farbenfrohe Weise zu diskutieren. Der Regenbogen repräsentiert einfach die vertikale **Höhe** – oder den Grad der Entwicklung (den Grad des Bewusstseins oder der Komplexität) einer jeden Linie. Dies ermöglicht uns auch, die verschiedenen Stufen

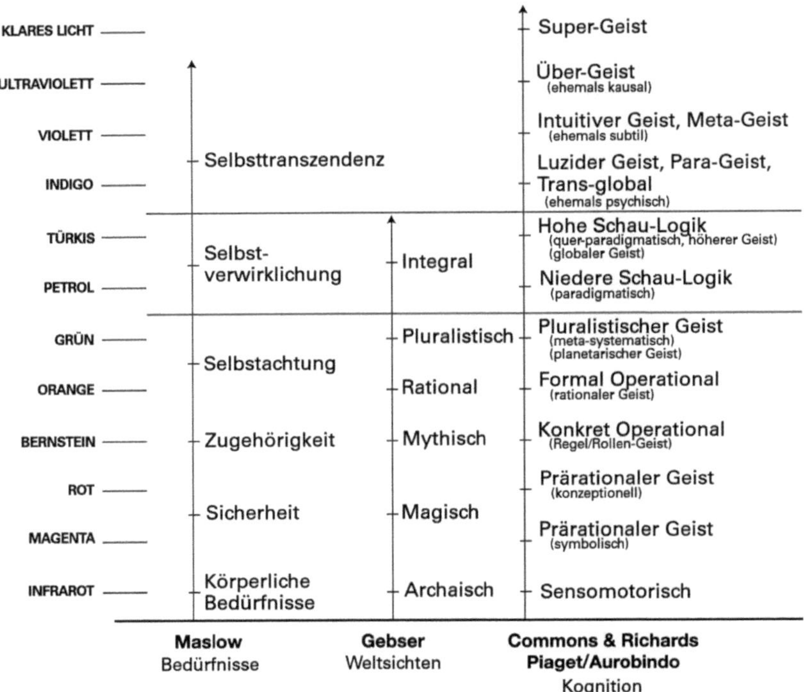

Abb. 14 a Einige wichtige Entwicklungsstufen

in zahlreichen unterschiedlichen Entwicklungslinien zu vergleichen, indem wir sehen, welche die gleiche Regenbogenhöhe haben. Dies ist zum Beispiel in Abbildung 14 a und b zu sehen. (Machen Sie sich keine Gedanken über einige der Zwischenfarben wie Bernstein oder Türkis – sie wurden so gewählt, dass sie zu mehreren Modellen passen, die ebenfalls Farben verwenden. Die Grundidee ist so einfach wie ein Regenbogen von Farben, der ein Spektrum des Bewusstseins darstellt.

An dieser Stelle ist es sinnvoll, sich mit den Missverständnissen zu befassen, die mit dem Wort „Hierarchie" verbunden sein können. Es gibt mindestens zwei sehr unterschiedliche Arten von Hierarchien, die Forscher als *Unterdrückungshierarchien* (oder Herrschaftshierarchien) und *Wachstumshierarchien* (oder Verwirklichungshierarchien) bezeichnen. Eine

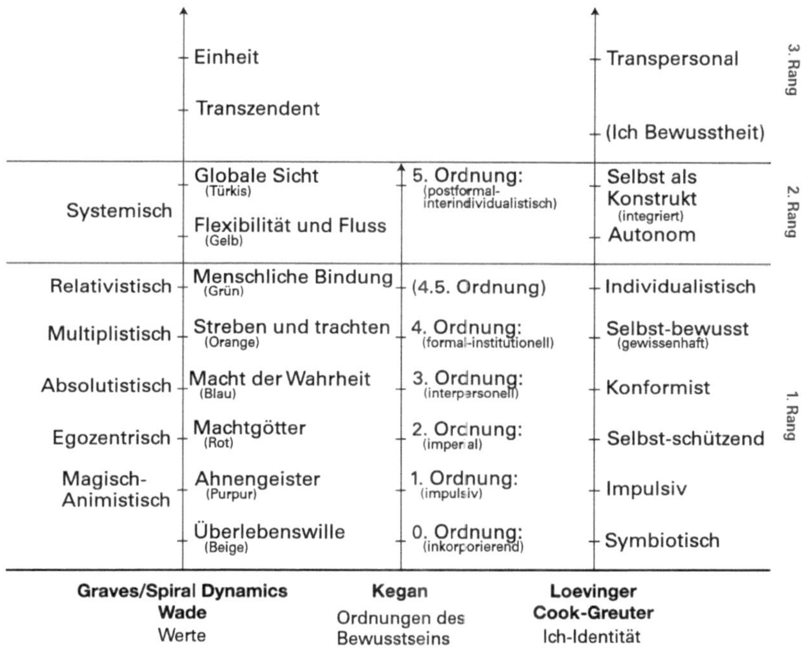

Abb. 14 b Einige wichtige Entwicklungsstufen

Herrschaftshierarchie ist genau das: ein Rangordnungssystem, das Menschen beherrscht, ausbeutet und unterdrückt. Die berüchtigsten sind die Kastensysteme in Ost und West. Jede Hierarchie ist eine Herrschaftshierarchie, wenn sie das individuelle oder kollektive Wachstum untergräbt.

Verwirklichungshierarchien hingegen sind das eigentliche Mittel des Wachstums selbst. Sie sind weit davon entfernt, Unterdrückung zu verursachen, sie sind vielmehr der Weg, sie zu beenden. Wachstums- oder Entwicklungshierarchien bewegen sich beim Menschen klassischerweise von egozentrischen über ethnozentrische zu weltzentrischen und kosmozentrischen Wellen. In der natürlichen Welt gibt es überall Wachstumshierarchien. Am häufigsten ist die Entfaltung von Atomen über Moleküle zu Zellen und Organismen. Wachstumshierarchien sind immer verschachtelte Hierarchien, was bedeutet, dass jede höhere Ebene ihre Vorgänger **übersteigt und einschließt**. Organismen gehen über Zellen hinaus und schließen diese ein, diese wiederum gehen über Moleküle hinaus und schließen diese ein, diese wiederum gehen über Atome hinaus und schließen diese ein, diese wiederum gehen über Quarks hinaus und schließen diese ein, und so weiter. In einer Wachstumshierarchie unterdrücken die höheren Ebenen die niedrigeren nicht, sie umarmen sie! Sie schließen sie buchstäblich ein, sie umhüllen sie. Jede Ebene in einer Wachstumshierarchie ist in der Tat in einer höheren Hierarchie angesiedelt, weil sie eine *Zunahme* der Fähigkeit zur Fürsorge, zum Bewusstsein, zur Kognition, zur Moral usw. darstellt. Wachstum ist eine *Entwicklung*, die sich *von der Egozentrik* über die Ethnozentrik und die Weltzentrik bis zur Kosmozentrik erstreckt. Alle in der Abbildung 14 dargestellten Hierarchien sind Wachstumshierarchien oder verschiedene Ströme, die durch Wellen zunehmender Umarmung fließen. Kurz gesagt, Herrschaftshierarchien verursachen Unterdrückung, Wachstumshierarchien beenden sie.

Abraham Maslows akribische Forschung hat gezeigt, dass Menschen dazu neigen, sich durch Wachstumsstufen von **Bedürfnissen** zu bewegen. Wenn jedes elementares Bedürfnis befriedigt oder erfüllt ist, tritt ein höheres Bedürfnis in den Vordergrund. Die *physiologischen Bedürfnisse* sind die einfachsten – die nach Nahrung, Unterkunft und weiteren biologischen Grundbedürfnissen. Wenn diese Bedürfnisse befriedigt sind, entwickelt sich ein individuelles Selbstbewusstsein mit seinen *Bedürfnissen* nach *Selbstschutz* und *Sicherheit.* Sind diese Bedürfnisse befriedigt, sucht das Individuum nicht nur nach Sicherheit, sondern auch nach *Zugehörigkeit.* Sobald ein Gefühl der Zugehörigkeit gesichert ist, neigen die Menschen dazu, durch die neu entstehenden *Selbstwertbedürfnisse* motiviert zu werden. Wenn diese erfüllt sind, entstehen noch höhere Bedürfnisse des Selbst, die Maslow als *Selbstverwirklichungsbedürfnisse* bezeichnete. Und wenn diese Bedürfnisse erfüllt sind, wird der Mensch durch die *Bedürfnisse nach Selbsttranszendenz* motiviert, d. h. durch das Bedürfnis, nicht nur das Selbst zu erfüllen, sondern über das Selbst hinauszuwachsen und in höhere, tiefere und breitere Dimensionen der Fürsorge und des Bewusstseins vorzudringen, von denen einige ausgesprochen transpersonal oder spirituell erscheinen.

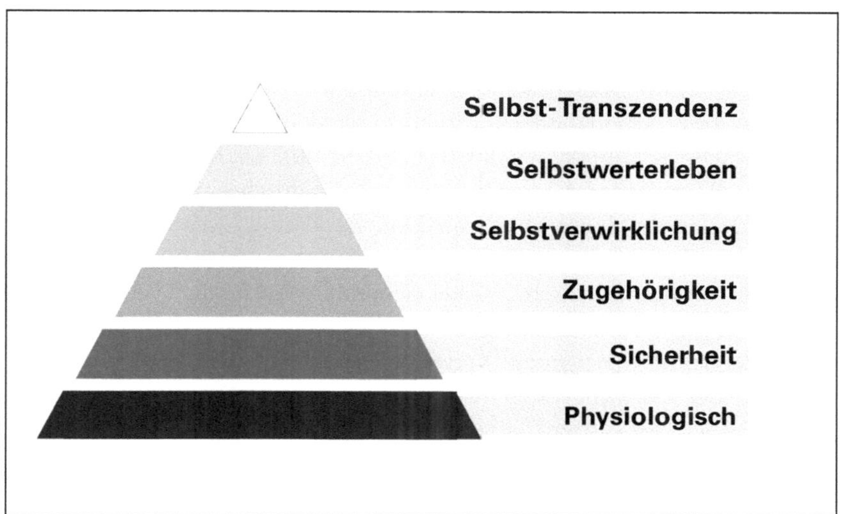

Abb. 15 Abraham Maslows Bedürfnishierarchie

Eine weitere berühmte Entwicklungssequenz ist die der Bewusstseinsstrukturen von Jean Gebser, die von **archaisch** über **magisch** zu **mythisch** zu **mental** zu **pluralistisch** zu **integral** reicht. Das Gute an Gebsers Stufen ist, dass sie so ziemlich genau das bedeuten, was sie zu bedeuten scheinen. (Ich habe seine höchste Stufe in zwei unterteilt (pluralistisch und integral), was hilfreich ist.) Und wie Gebser selbst betont hat, ist seine „integrale Stufe" eigentlich nur die Öffnung zu höheren (oder „super-integralen" und transpersonalen) Stufen. Dies wird besonders deutlich, wenn wir uns den Entwicklungsstrom der **Kognition** oder der Fähigkeit zu Bewusstsein und Perspektiven anschauen. [3]

Die in der Abbildung 14 a (S. 56) dargestellte kognitive Linie ist eine Verschmelzung der wichtigen Forschungen von Michael Commons & Francis Richards, Jean Piaget und Sri Aurobindo. Sie zeigt, dass sich die Kognition vom **sensorischen Verstand** zum **konkreten Verstand**, zum **formalen Verstand**, zum **höheren Verstand**, zum **erleuchteten Verstand**,

3 Anm. d. Herausgeber: Der Begriff „Kognition" stammt vom lateinischen Wort „cognoscere" – wissen, erkennen – und bezeichnet informationsverarbeitende Funktionen des Menschen, die mit Wahrnehmung, Lernen, Erinnern, Denken und Wissen in Zusammenhang stehen.

zum **intuitiven Verstand**, zum **Überverstand** und zum **Superverstand** entwickeln kann. Man beachte nochmals, wie die allerhöchsten Stufen beginnen, transpersonal oder spirituell zu werden.

Als Nächstes können wir uns die Arbeit von Clare Graves ansehen, die er als **Wertesysteme** bezeichnete, und die durch ein Modell namens „Spiral Dynamics" (entwickelt von Don Beck und Christopher Cowan) populär würde. Auf der *magisch-animistischen* Stufe sind Werte in der Tat „magisch" und „animistisch", wobei elementare Kräfte die Welt auf magische Weise regieren. Auf der *egozentrischen* Stufe stehen die Machttriebe im Vordergrund; die eigenen Werte sind auf „mich" und „meine Macht" zentriert. Bei *absolutistischen Werten* verlagern sich die Werte von „ich" zu „wir" oder von egozentrisch zu ethnozentrisch, und man glaubt, dass sie von einer ewigen Quelle gegeben werden, die absolut und unumstößlich für alle gilt (sei es die Bibel, der Koran oder das Kleine Rote Buch des Vorsitzenden Mao); ein Verstoß gegen sie führt zur zeitlichen und möglicherweise ewigen Verdammnis. Dies wird oft als „mythische Zugehörigkeit" bezeichnet, denn wer nicht an die ethnozentrischen Mythen glaubt, ist in großen Schwierigkeiten.

In dem Maße, in dem die Entwicklung vom mythischen Konformismus zur nächsten Stufe übergeht, wechseln die Werte von der Ethnozentrik zur beginnenden Weltzentrik, die Graves als den Wechsel von der absolutistischen zur *multiplistischen Sichtweise* bezeichnete, was bedeutet, dass es mehrere Möglichkeiten gibt, die Realität zu betrachten, und nicht nur eine einzige, starr richtige. Dies führt zu einem Wechsel von **traditionellen Werten** zu **modernen Werten**.

Diese Differenzierung setzt sich in der nächsten Phase fort, die Graves als *relativistisch* bezeichnete, weil es nicht nur eine Vielzahl unterschiedlicher Überzeugungen gibt, sondern diese auch alle relativ sind, was zu einer typisch *postmodernen* und *pluralistischen* Weltanschauung führt. Diese Sichtweise ist sogar so pluralistisch, dass sie oft in völliger Fragmentierung und Entfremdung endet, durchtränkt von Nihilismus, Ironie und Sinnlosigkeit (kommt Ihnen das bekannt vor?).

Erst auf der nächsten Stufe, der *systemischen,* kann sich schließlich eine wirklich integrierte und kohärente Weltsicht herausbilden, die den Beginn dessen ermöglicht, was ein Soziologe das **Integrale Zeitalter** nannte. Clare Graves nannte es den Übergang von den Werten des ersten Rangs (die durch ihre Parteilichkeit gekennzeichnet sind) zu den Werten des zweiten Rangs (die durch ihren integrierten Charakter gekennzeichnet sind).

Clare Graves war einer der Forscher, der als erster den wichtigen Unterschied zwischen dem **ersten** und dem **zweiten** Rang entdeckt hat. Worin besteht dieser außergewöhnliche Unterschied? Alle Stufen des ersten Rangs glauben fest daran, dass ihre Werte die einzig wahren und richtigen sind; die Werte aller anderen sind zutiefst verwirrt.

Aber ab dem Sprung zum zweiten Rang – oder dem Beginn der wirklich integralen Stufen – wird verstanden, dass alle anderen Werte und Stufen auf ihre eigene Weise richtig sind oder für ihre eigenen Stufen angemessen sind. Der zweite Rang macht Platz für alle anderen Werte und beginnt, sie alle zusammenzuziehen und in größere Wandteppiche der Fürsorge und der Inklusivität zu integrieren.

In vielerlei Hinsicht ist dies dasselbe, was Abraham Maslow zuvor beim Sprung von den **Mangel-Bedürfnissen** (des Mangels und der Knappheit) zu den **Seins-Bedürfnissen** (der Selbstverwirklichung und der Selbsttranszendenz) feststellte, und in der Tat versuchte Graves, dieser Entdeckung von Maslow einen Sinn zu geben.

Der Entwicklungssprung vom **ersten Rang** zum **zweiten Rang** ist ein Sprung von Fragmentierung und Entfremdung zu Ganzheit und Integration, von Nihilismus und Ironie zu tiefem Sinn und Wert. Diese integrale Entwicklung setzt sich im **dritten Rang** (oder „super-integral" und suprapersonal) fort, von denen Jenny Wade in ihrer Erweiterung des Graves-Systems zwei Ebenen als *transpersonal* und dann als *unitiv* bezeichnet.

Alles in allem wachsen und entwickeln sich die eigenen Werte vom **Stammesdenken** über das **traditionelle**, **moderne** und **postmoderne** bis hin zum **integralen** und **super-integralen Denken**, auf dem Weg zu noch höheren Entfaltungsmöglichkeiten in der evolutionären Zukunft. Heute stehen wir in unserer Kultur als Ganzes an der Schwelle des außergewöhnlichen Sprungs vom ersten Rang zum zweiten Rang, von der Postmoderne zum Integralen – ein Sprung, auf den wir gleich zurückkommen werden.

Robert Kegans Arbeit über **Bewusstseinsordnungen** gehört wahrscheinlich zu den am meisten beachteten Arbeiten überhaupt. Gleiches gilt für die ausgefeilte Theorie und Forschung von Jane Loevinger über die **Stufen der Selbstentwicklung**. Beides können Sie in den Abbildungen 14 a und 14 b sehen.

Eine von Loevingers Hauptschülern und Nachfolgern, Susanne Cook-Greuter, hat bedeutende Forschungen über die höchsten Ebenen der dritten Rangs der Selbstentwicklung durchgeführt, die ebenfalls in den Abbildungen 14 aufgeführt sind. (Übrigens, Robert Kegan, Don Beck und Susanne Cook-Greuter sind alle Gründungsmitglieder des Integral Institute).

Wenn wir uns nun alle Entwicklungsebenen bzw. Entwicklungsströme in der Abbildung 14 b ansehen, können wir feststellen, dass der erste Rang des Wachstums im Allgemeinen den Übergang von der *vorpersönlichen* zur *persönlichen* Entwicklung beinhaltet; der zweite Rang beinhaltet die *integrierte* persönliche Entwicklung (und den Beginn der „integralen" Stufen); und der dritte Rang beinhaltet die *transpersonale* Entwicklung (oder den Beginn der „superintegralen" Stufen).

So bewegt sich die gesamte Evolution und Entwicklung vom Vorpersönlichen zum Persönlichen zum Transpersonalen, vom Unbewusstsein zum Selbstbewusstsein und zum Überbewusstsein, vom Prärationalen zum Rationalen zum Transrationalen, vom Präkonventionellen zum Konventionellen zum Postkonventionellen, vom Es zum Ego zum GEIST. Mit der Entwicklung des dritten Rangs oder der transpersonalen Entwicklung beginnt das eigene Selbst, sich über den persönlichen Bereich hinaus auszudehnen und in einen Bereich großer Weite, leuchtender Klarheit und Einheitserfahrungen vorzudringen, die alle einen ausgesprochen spirituellen Beigeschmack haben. Doch im Gegensatz zu den magischen und mythischen Ebenen, bei denen es sich um bloße Konzepte und dogmatische Überzeugungen handelt, sind dies Ebenen der direkten Erfahrung und des unmittelbaren Bewusstseins.

Die Prä-Trans-Verwechslung

Halten wir also inne und nehmen diese Tatsache zur Kenntnis: Forscher haben herausgefunden, dass die *allerhöchsten* Stufen des kognitiven, moralischen und Selbstwachstums alle eine transpersonale oder spirituelle Note haben. Nennen wir dies „**Spiritualität auf höchster Ebene**" und notieren wir dies als eine der wichtigen Bedeutungen von „spirituell". (Wir werden diesen Aspekt der Spiritualität auch als **transrationale** und **transpersonale Spiritualität bezeichnen**). Aber es gibt hier einen seltsamen Punkt: Einige der transrationalen und transpersonalen Stadien ähneln oberflächlich betrachtet einigen der präationalen und präpersonalen Stadien. Da *sowohl die* präkonventionellen als auch die *postkonventionellen Stadien* nicht konventionell sind, werden sie von einem ungeschulten Auge verwechselt und sogar gleichgesetzt. Prä-rationale Stadien werden mit transrationalen Stadien verwechselt, einfach weil beide nicht-rational sind; präegoische Stadien werden mit transegoischen verwechselt, einfach weil beide nicht-egoisch sind; transverbale werden mit prä-verbalen verwechselt, weil beide nonverbal sind, und so weiter.

Dies ist als *Prä/Trans-Verwechslung* (oder *Prä/Post-Fehlschluss*) bekannt. Menschen können hierbei zwei Fehler machen. Entweder reduzieren sie alle transrationalen Realitäten auf präationale Zustände oder sie erheben präationale Vorstellungen und Mythen zu transrationalem Ruhm. Sowohl der Reduktionismus als auch der Elevationismus haben die Diskussion über Spiritualität von Anfang an erschwert, und so ist eines der ersten Dinge, die ein wirklich integraler Ansatz beiträgt, ein Weg aus diesem besonderen Missverständnis zu zeigen.

Ein präationaler mythischer Gott und ein transrationaler unitärer GEIST

Zumindest sollten wir uns darüber im Klaren sein, dass es Entwicklungsstufen gibt, die Ausdruck einer präationalen, kindlichen, präkonventionellen, narzisstischen Fantasie sind und solche, die einem postkonventionellen, transrationalen, ego-bewussten, postautonomem, transpersonalem Bewusstsein entsprechen. In den ersteren (z. B. magisch-animistische, mythische Zugehörigkeit) wird die letztendliche Realität tatsächlich als ein weißhaariger, graubärtiger Herr im Himmel dargestellt, oder jemand, der auf dem Wasser geht und von einer biologischen Jungfrau geboren wird, oder ein alter Weiser, der bei der Geburt 900 Jahre alt war, und so weiter. Alle diese vorrationalen Mythen werden als wörtlich und konkret wahr angesehen. Aber in den letzten oder postkonventionellen Stadien wird die ultimative Realität als ein nondualer Grund des Seins, ein Zustand zeitloser Präsenz oder ein postrationaler (nicht präationaler und nicht antirationaler) Zustand des Einheitsbewusstseins erlebt. Der Unterschied zwischen den beiden ist in der Tat wie Tag und Nacht, wobei die Morgendämmerung der Vernunft sie trennt.

Wenn wir alle wissenschaftlichen Forschungen über die menschliche Entwicklung zusammenfassen, scheint es in der Tat mindestens diese drei großen Stufen des menschlichen psychologischen Wachstums zu geben: vorpersönlich zu persönlich zu transpersonal, oder vorrational zu rational zu transrational, oder unterbewusst zu selbstbewusst zu überbewusst. Jede der Stufen **transzendiert und schließt** ihre Vorgänger **ein**. Während **sich** jede neue Stufe **entfaltet**, **umhüllt** sie ihre Vorgänger – eine Entwicklung, die eine Umhüllung ist –, sodass der kumulative Effekt in der Tat integral ist, genau wie bei Atomen, Molekülen, Zellen und Organismen. Nichts geht verloren, alles bleibt erhalten in der außergewöhnlichen Entfaltung und Entfaltung, Entwicklung und Umhüllung, Transzendierung und Einbeziehung, Verneinung und Bewahrung, die Bewusstseinsentwicklung ist.

Wir sprechen an dieser Stelle nicht darüber, ob es einen „echten" GEIST oder einen tatsächlichen Seinsgrund gibt oder nicht. Wir sprechen darüber, ob es diese drei großen Stufen der menschlichen Entwicklung gibt, und die Antwort ist, dass jede empirische Studie, die den gesamten Bereich der menschlichen Entwicklung sorgfältig untersucht hat, zu dem Schluss kommt, dass **dies der Fall ist**. Diejenigen, die die Stufen des Überbewusstseins und des transpersonalen Bewusstseins leugnen, leugnen die vorhandenen wissenschaftlichen Beweise. Und wir sind genauso wenig verpflichtet, deren Ansichten zu berücksichtigen, wie wir die Kirchenmänner ernst nehmen müssen, die sich weigerten, durch Galileis Teleskop zu schauen, weil sie bereits „wussten", was sie sehen würden.

Wenn wir uns nun aber der faszinierendsten aller Themen zuwenden und tatsächlich fragen, ob ein „Seinsgrund", ein echter GEIST, eine wirkliche Gottheit, die allen Phänomenen zugrunde liegt, erlebt werden kann, wen könnten wir dann besser fragen als die Menschen, die sich auf den höheren oder höchsten Ebenen – den transpersonalen Ebenen – der Entwicklung auskennen? Und wenn wir sie fragen, was sagen sie dann?

Nun, lassen Sie uns zunächst wiederholen, dass jeder dieser drei großen Stufen seine eigene Vorstellung davon hat, was die ultimative Realität ist. Wir haben gesehen, dass auf der ersten Stufe, die zur Rationalität führt, die letztendliche oder ultimative Realität als **magisch** und **mythisch** angesehen wird. Vermutlich befinden sich hier vielleicht 80 % der Lehren der großen Weltreligionen, von Shinto über Christentum und Islam bis hin zu Hebraismus, Hinduismus, Buddhismus und Taoismus. Dann tritt die menschliche Entwicklung in eine Periode ein, die nicht-religiös und sogar antireligiös zu sein scheint. Hier tritt die rationale Wissenschaft in den Vordergrund, die für die Menschheit einen außerordentlichen Segen in Form einer Verringerung des Leidens und einer Erhöhung der Lebenserwartung mit sich bringt. Zählt man Krankheiten, Hunger, Seuchen und Kindersterblichkeit zusammen, so hat die rationale Wissenschaft mehr menschliches Leid gelindert als alle prärationalen mythischen Religionen zusammen. Dass die Wissenschaft missbraucht werden kann, ist nicht das Problem; ihre positiven Ergebnisse sind atemberaubend und unbestreitbar.

Dann, gerade als es so aussah, als ob alles Religiöse und Spirituelle in unserer Vergangenheit läge, nichts anderes als Relikte einer archaischen Geschichte seien, entwickelt sich die dritte große Stufe. Aufbauend auf den Errungenschaften des rationalen Bewusstseins beginnt die Entwicklung, über die Rationalität hinauszugehen und sie in noch größere Kreise der Fürsorge und des Bewusstseins einzubeziehen. Hier wird die letztendliche Realität nicht in anthropomorphen Begriffen gesehen und auch nicht in rationalen Begriffen, sondern in Begriffen des Seins, der Leere, des Bewusstseins und des So-Seins-Begriffen wie dem

- eines Grundes allen Seins
- eines universellen Bewusstseins
- eines nondualen So-Seins oder Ich-Seins
- einer weiten, offenen, leeren, leuchtenden Klarheit
- eines spiegelnden, bezeugenden Gewahrseins
- einer Gottheit, die jeder Trinität vorausgeht
- eines reinen, unendlichen, transzendentalen, selbstlosen Selbstes
- eines unbegrenzten, weiträumigen, strahlenden, ungehinderten und unqualifizierbarem Bewusstseins als solchem
- einer zeitlosen, endlosen, ewigen Gegenwart oder eines Jetzt
- einer So-Heit oder Ich-Heit eines jeden Augenblicks, jenseits jeglicher Konzeptualisierung, sondern so einfach und offensichtlich wie die Person, die diese Seite liest, oder der Klang eines singenden Rotkehlchens oder der kühle Schluck aus einem Glas Eistee an einem heißen Sommertag.

Dies ist nicht die Religion unseres Vaters, nicht die unserer Mutter und schon gar nicht die unserer Großeltern. Und doch berichtet die große Mehrheit der Menschen, die die Ebene des dritten Rangs erreichen, dass die letzte Realität als eine Art unendlicher/ewiger Grund allen Seins erscheint. Jedoch befindet sich diese transpersonale RealitätserfahrunG *am anderen Ende des* Spektrums der menschlichen Entwicklung als die magischen und mythischen Vorstellungen der vorpersönlichen und vorrationalen Stufen. Auch die Medien, um nur das offensichtlichste Beispiel zu nennen, verwechseln Prä und Trans häufig. Viele Arten von Spiritualität, die die Medien darstellen, sind vorrational.

Es sieht aber eher danach aus, als ob die Formulierung „spirituell, aber nicht religiös“ doch eher die transpersonale Ebene meint. Und selbst wenn Menschen, die sich selbst so beschreiben, nicht permanent auf diesen höheren, transpersonalen Bewusstseinsstufen sind, scheinen viele von ihnen diese höheren Realitäten zu erahnen. Sie wollen keine egozentrische Magie oder ethnozentrische mythische Religion, die in Dogmen, Glaubensbekenntnissen und konzeptuellen Überzeugungen getränkt ist. Sie wollen eine direkte Erfahrung jenseits von Worten und Konzepten, eine supramentale, transrationale, postkonventionelle Spiritualität mit ihrem unmittelbaren Bewusstsein und ihrer strahlenden Bewusstheit. Sie sind zwar **spirituell, aber nicht religiös**. Und sie behaupten, sich direkt eines nondualen, leeren, offenen, weitläufigen, unendlichen, unqualifizierbaren So-Seins bewusst zu sein, wie auch immer man diesen besonderen Zustand nennen mag.

Wieder die Prä-/Trans-Verwechslung

Das Problematische an solchen Begriffen wie „Gott“ oder „GEIST“ oder „Absolute Realität“ ist, dass sie einer Prä-/-Trans-Verwechslung unterliegen. Die prärationale und die transrationale Version der Spiritualität klingen für das ungeschulte Auge ähnlich oder sogar identisch, einfach weil beide „nicht-rational“ sind, und daher werden sie von jedem, der in diesem Prä/Trans-Trugschluss gefangen ist, als dasselbe behandelt, obwohl sie in Wirklichkeit Pole sind, die an entgegensetzten Enden liegen. Und wenn Tag und Nacht verwechselt werden, werden die trans-rationalen Stufen des nondualen Bewusstseins – die, wo immer sie auftauchen, eine ultimative Freiheit und Fülle, eine große Befreiung von Entfremdung,

Fragmentierung und Leiden offenbaren sollen – gründlich verwechselt mit den prä-rationalen Stufen eines mythischen Gottes – Stufen, die wohl mehr menschliches Leid verursacht haben als jeder andere Faktor in der Geschichte. Die Mittel zu unserer Befreiung werden mit der Ursache für den größten Teil unseres Elends verwechselt. Indem wir vor dem fliehen, was die Ursache des Leidens zu sein scheint, fliehen wir auch vor unserer Errettung.

Und diese Verwirrung ist allgegenwärtig, nicht nur in den Medien, sondern auch in den Religionen selbst und in der Kultur im Allgemeinen. Aber sie könnte durch das IOS in ihrer Ausbreitung gestoppt werden. Wenn man sich den „Ebenen"-Aspekt von AQAL ansieht, kann man diese wichtigen Unterschiede erstens erkennen und zweitens nutzen.

Gleichzeitig sollten wir uns über die Zahlen im Klaren sein, um die es hier geht. Studien zeigen immer wieder, dass **sich** etwa **70 % der Weltbevölkerung auf einem ethnozentrischen (oder niedrigeren) Entwicklungsniveau befinden**.

Anders ausgedrückt: Etwa 70 % der Weltbevölkerung sind in ihrer spirituellen Ausrichtung fundamentalistisch (oder niedriger). Etwa 30 % befinden sich auf dem zweiten Rang (orange bis türkis). Und weniger als 1 % befinden sich stabil auf den transpersonalen Stufen. Diese transpersonalen Stufen existieren und sie stehen jedem offen, der eine transformative Praxis, wie die Integrale Lebenspraxis (ILP), aufnehmen möchte, um sich mit ihnen zu beschäftigen (zu den Einzelheiten einer ILP siehe Kap. 6).

Spirituelle Intelligenz

Das ist also die erste Bedeutung von „Spiritualität": die höchsten Ebenen in jeder der beschriebenen Entwicklungslinien. Bedeutet das aber, dass weniger als 1% der Menschheit wirklich spirituell sind? Oder, um das Gleiche aus einem anderen Blickwinkel zu sagen, bedeutet das, dass man Indigo oder höher sein muss, um überhaupt ein echtes spirituelles Bewusstsein zu haben? Nein, denn bislang haben wir die Frage, was Spiritualität alles bedeuten kann, noch nicht in allen Quadranten, Ebenen, Linien, Zuständen und Typen untersucht. Schauen wir uns also als nächstes noch einmal die „Linien" an. Gibt es eine **spirituelle** Entwicklungslinie? Gibt es eine **spirituelle Intelligenz**?

Die Antwort lautet: Mit ziemlicher Sicherheit. In einer bahnbrechenden Reihe von Forschungsstudien hat James Fowler einige der grundlegenden Stufen der spirituellen Linie aufgezeigt. Lassen Sie uns also innehalten und diese Linie genauer betrachten. Und während wir das tun, können Sie sich immer wieder fragen: Auf welcher Stufe befinde ich mich in diesem Linienstrom?

Bei Fowlers Stufen der spirituellen Intelligenz fällt sofort auf, dass sie – das ist allerdings auch keine Überraschung – eine Variation der allgemeinen Stufen archaisch, magisch, mythisch, rational, pluralistisch, integral (und super-integral) sind. Dies sind einige der Namen für Stufen des Bewusstseins, die wir schon kennengelerlernt haben. Fowlers Stufen sind:

0. präverbal, prädifferenziert
1. intuitiv-projektiv (1. Person dominiert)
2. mythisch-wörtlich (konkrete Mythen und Geschichten)
3. konventionell, konformistisch (2. Person dominiert)
4. individuierend-reflektieren (Anfang von 3. Person)
5. verbindend (pluralistisch, dialektisch, multikulturell)
6. universell (postkonventionelles, universell)
(7. transpersonales oder nonduales Wohlergehen)

Die Bedeutungen der meisten dieser Begriffe sind wohl offensichtlich. Wichtig ist: Die verfügbaren Belege zeigen, dass man NICHT auf den allerhöchsten Ebenen in einer der Linien sein muss, um eine Art von Spiritualität zu besitzen. Die Spiritualität selbst wächst und entwickelt sich auf *jeder* Ebene des Bewusstseins, nicht nur auf der höchsten. Mit anderen Worten: Es gibt nicht nur eine *Spiritualität auf höchster Ebene* (und, siehe unten, eine *Spiritualität in veränderten Zuständen*), sondern auch eine *Spiritualität auf der Entwicklungsebene,* eine **spirituelle Intelligenz**.

Diese Entwicklungslinie scheint, wie die meisten der multiplen Intelligenzen, irgendwann in den frühesten Jahren zu beginnen. Selbst als Erwachsener sind wir vielleicht nur auf Stufe 1 unserer spirituellen Intelligenz, aber wir sind NIEMALS ohne irgendeine Form von spiritueller Intelligenz oder spirituellem Bewusstsein. Auf welchen Aspekt oder welche Dimension der Spiritualität bezieht sich also die spirituelle Intelligenz? Wie wird dieser Aspekt der Spiritualität definiert?

Verschiedene Forscher haben spirituelle Intelligenz auf unterschiedliche Weise definiert, je nach Art der Forschung und der Ergebnisse, mit denen sie zu tun haben. Aber die vielleicht einfachste und leichteste ist die folgende. Paul Tillich sagte, dass „spirituell" sich auf das bezieht, was das **höchste Anliegen** oder **ultimative Interesse** eines Menschen bezeichnet. Im ersten Lebensjahr mag dies die Frage sein, woher man sein Essen bekommt, aber man ist nie ohne eine Art solchen Bewusstseins und Interesses. Der menschliche Organismus scheint als eine seiner ererbten multiplen Intelligenzen die Fähigkeit oder Intelligenz entwickelt zu haben, sich mit solchen letzten Anliegen zu befassen. So gesehen hat jeder eine Art Religion. Wenn man auf der der individuell-reflexiven Ebene ist, haben wir vielleicht eine sehr formale, rationale Version des ultimativen Interesses, aber es ist nicht etwas, auf das man einfach verzichten kann. Man kann Spiritualität erleben als:

- eine archaische Spiritualität (Lebensmittel-/Sexfetisch),
- eine magische Spiritualität (Voodoo, Santeria),
- eine mythische Spiritualität (Fundamentalismus, mythische Zugehörigkeit zu Gott/Göttin),
- eine rationale Spiritualität (wissenschaftlicher Materialismus, Logo-Zentrismus),
- eine pluralistische Spiritualität (Postmoderne als Antwort auf alles, Pluralitis),
- eine systemische Spiritualität (Tiefenökologie, Gaiasophie),
- eine integrale und super-integrale Spiritualität (AQAL).

Bei jeder der multiplen Intelligenzen variiert der Inhalt einer Stufe in der Reihe oft dramatisch von Person zu Person und von Kultur zu Kultur. Eine Stufe bestimmt nicht den spezifischen Inhalt des ultimativen Anliegens, sondern einfach den Grad der Entwicklung, der Komplexität und des Bewusstseins, der in das ultimative Anliegen, was auch immer es ist, auf dieser Stufe einfließt. Also: **An welche Ebene von Gott glauben wir?** Ist die **Nahrung** unser höchstes Anliegen, der Stoff unserer letztendliche Realität, physische Nahrung, emotionale Nahrung, mentale Nahrung, transpersonale Nahrung? Was ist die Höhe unserer Realität? Wie hoch ist unser Gott? Kurz gesagt: *Was beten wir an?* Denn irgendetwas ist es definitiv immer...

Zustände und Stufen

Anhand der vorangegangenen Ausführungen lässt sich ableiten, dass das AQAL-Modell eine nützliche Methode darstellt, um der Spiritualität einen Sinn zu verleihen. Es sei daran erinnert, dass selbst die beiden Aspekte der Spiritualität, die bislang erörtert wurden – die Spiritualität auf höchster Ebene und die Spiritualität als Entwicklungslinie – an einigen Stellen nahezu widersprüchlich erscheinen. Die Spiritualität der höchsten Ebene postuliert beispielsweise, dass Kinder keine authentische Spiritualität aufweisen, während die Spiritualität der Entwicklungslinie dies bestreitet. Die Debatte um diese Positionen hat eine Vielzahl an akademischen Wortgefechten hervorgerufen, deren Ergebnis jedoch als fruchtlos zu betrachten ist.

Um diese Debatte anders zu formulieren: Wir haben gesehen, dass praktisch 100 % der Menschen über eine gewisse spirituelle Intelligenz verfügen, und dennoch befinden sich weniger als 1 % auf den höchsten Ebenen dieser oder einer anderen Linie. Wenn wir mit „spirituell" „die höchsten Stufen einer Linie" meinen, dann sind nur die höchsten Stufen der spirituellen Linie spirituell.

Die Verwendung des Begriffs „spirituell" erfolgt in zwei völlig unterschiedlichen Kontexten. Ohne eine explizite Differenzierung mittels eines AQAL-Modells (oder einer ähnlichen Methode) bleiben die Aussagen widersprüchlich und führen zu einer gewissen Verwirrung.

Und damit würde die Verwirrung erst beginnen. Es gibt nämlich noch andere Aspekte der Spiritualität oder andere Arten, wie Menschen den Begriff „Spiritualität" gewöhnlich verwenden. Zum einen gibt es Bewusstseinszustände, die spirituell erscheinen, wie z. B. bestimmte **Gipfelerlebnisse**, **veränderte Zustände**, **religiöse Erfahrungen** und **meditative Zustände**. Und tatsächlich ist dies eine der häufigsten Arten, wie Menschen an Spiritualität denken. Das ist ein Aspekt, den wir in einer Bestandsaufnahme religiöser oder spiritueller Phänomene auf keinen Fall auslassen können. Wir haben gesehen, dass praktisch 100 % der Menschen über eine spirituelle Intelligenz verfügen und weniger als 1 % von ihnen sich auf den höchsten Ebenen dieser Linie befinden.

Aber was ist mit Zuständen? Wie oft treten Zustände auf? Nun, wann waren Sie das letzte Mal „high"? Entschuldigung! Sagen wir es so: Die Forschung zeigt immer wieder, dass man auf praktisch jeder Stufe oder jedem Stadium des Wachstums tiefe und authentische religiöse Erfahrungen, Gipfelerlebnisse oder veränderte Zustände haben kann.

Wir haben das in Kapitel 2 schon beschrieben. Der Grund, warum diese Gipfelerfahrungen möglich sind, ist, dass viele der wichtigsten Bewusstseinszustände (wie wach-grobstofflich, träumend-subtil und formlos-kausal) allgegenwärtige Möglichkeiten sind. Wie diese natürlichen Zustände scheinen auch bestimmte religiöse oder spirituelle Zustände leicht zugänglich zu sein.

Was sind einige typische spirituelle Zustände oder Gipfelerlebnisse im Wachzustand? Eine ganz typische ist, dass man in der Natur spazieren geht und ein Gipfelerlebnis hat, dass man mit der ganzen Natur eins ist. Das nennt man **Naturmystik**. Was ist eine Art von spirituellem Zustand oder spiritueller Erfahrung im Traumzustand? Du träumst vielleicht von einer großen Wolke leuchtender, strahlender Liebe und hast vielleicht sogar das Gefühl, dass du mit dieser unendlichen Liebe eins wirst. Nennen wir das **Gottheitsmystik**. Ist es möglich, in Bezug auf den tiefen, traumlosen Zustand eine spirituelle Erfahrung zu machen, die sich auf diesen Zustand konzentriert? Es scheint so, denn einige spirituelle oder religiöse Erfahrungen werden als leer, formlos, unmanifestiert beschrieben – die Leere, der Abgrund, der Urgrund, Ayin und so weiter.

Wir nennen dies **formlose Mystik**. (Wir nennen es auch *kausale Mystik,* nach dem kausalen oder formlosen Zustand selbst). Schließlich gibt es recht häufige Erfahrungen von *Fließzuständen,* in denen ein Individuum sich eins fühlt mit allem, was in irgendeinem Zustand gerade entsteht. Wir nennen das **nonduale Mystik**.

Der Punkt ist einfach, dass man jede dieser spirituellen Zustandserfahrungen auf praktisch jeder Entwicklungsstufe haben kann, einfach weil man auf jeder Stufe wacht, träumt und schläft. Man kann sich in jeder der Entwicklungslinien auf, sagen wir, der rationalen Stufe befinden und eine grobstoffliche, subtile, kausale oder nonduale Gipfelerfahrung machen.

Eines der Dinge, die Forscher in den letzten drei Jahrzehnten über die Beziehung zwischen Zuständen und Stufen gelernt haben, ist außerordentlich wichtig: Wir werden jeden spirituellen (meditativen, veränderten) Bewusstseinszustand entsprechend unserer Bewusstseinsstufe interpretieren, das heißt, je nach unserem Entwicklungsstand. (Eigentlich

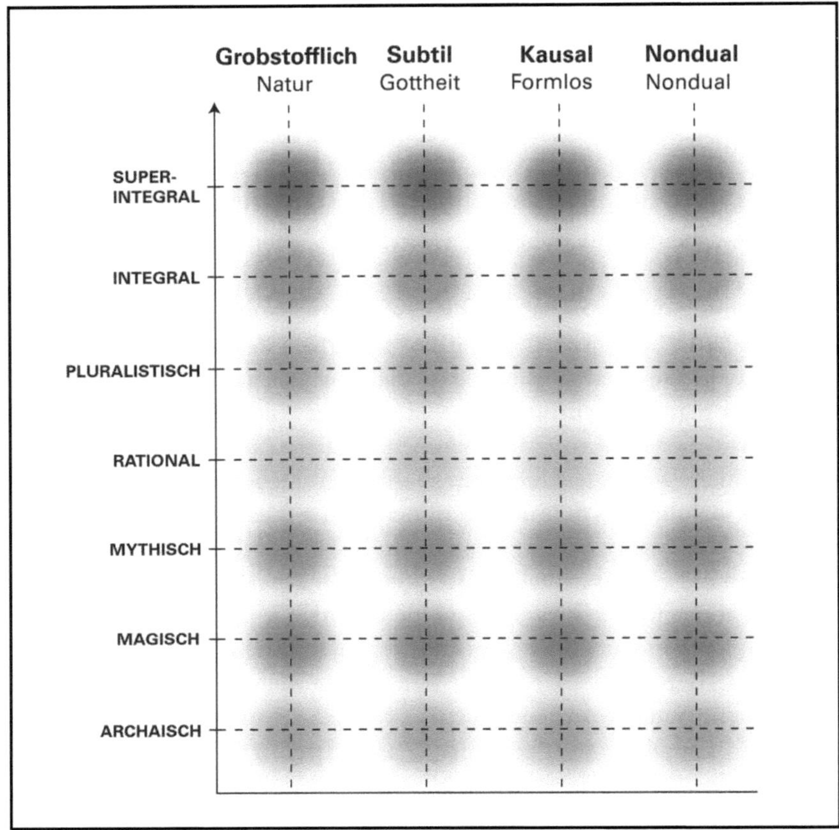

Abb. 16 Die Wilber-Combs-Matrix

interpretiert man seine Erfahrung natürlich entsprechend aller seiner AQAL-Aspekte, aber die Stufen sind eine besonders wichtige Komponente dieser Gesamtinterpretation, und die betonen wir hier).

Um ein Beispiel dafür zu geben, verwenden wir ein einfaches 7-Stufen-Schema von *Bewusstseinsstufen* (archaisch, magisch, mythisch, rational, pluralistisch, integral, super-integral) und 4 Arten von *Bewusstseinszuständen* (grobstofflich, subtil, kausal, nondual), was uns 4 × 7 oder 28 Arten von spiritueller oder religiöser Erfahrung gibt. Und wir haben Beweise für jede einzelne von ihnen gefunden....

Diese Matrix aus Zustands-/Stufenkombinationen wird nach seinen beiden Begründern **Wilber-Combs-Matrix** (Abb. 16) genannt. Sie funktioniert folgendermaßen: Nehmen wir an, eine Person macht die Gipfelerfahrung, eine Wolke strahlend weißen Lichts zu sehen, die manchmal wie eine Person oder ein Lichtwesen aussieht, und hat dann das Gefühl, in diesem Licht zu verschmelzen und ein Gefühl von unendlicher Liebe und grenzenloser Glückseligkeit zu empfinden. Nehmen wir an, diese Person ist protestantisch sozialisiert und interpretiert diese Erfahrung in christlichen Begriffen. Was wird diese Person erleben?

Wenn sie sich auf der **archaisch-magischen Ebene** befindet, könnte sie darin die Erscheinung eines magischen oder gar konkreten Jesus vermuten, der auf dem Wasser gehen kann, die Toten auferstehen lässt, Wasser in Wein verwandelt, Brote und Fische vermehrt und so weiter.

Auf der **mythischen Ebene** könnte sie Jesus als den ewigen Gesetzgeber sehen, den Bringer der völligen Erlösung, wenn man den Erzählungen und Dogmen glaubt und den Kodizes, Geboten und Bündnissen folgt, die dem auserwählten Volk gegeben wurden und in dem einzig wahren Buch (der Bibel) zu finden sind.

Im **rationalen** Bereich könnte diese Person Jesus als universellen Humanisten interpretieren, der aber auch göttlich ist, der weltliche Liebe und Moral lehrt und der nicht nur im Himmel, sondern bis zu einem gewissen Grad auch auf der Erde, in diesem Leben, Erlösung bringen kann.

Auf der **pluralistischen Ebene** könnte diese Person Jesus als einen von vielen, gleichwertigen spirituellen Lehrern ansehen, und daher könnte die Annahme von Jesus für sie die vollständige Erlösung bedeuten, aber andere Individuen und Kulturen könnten andere spirituelle Pfade als besser für sie empfinden, da sie wissen, dass alle echten spirituellen Pfade, wenn sie tief genug gehen, eine gleiche Erlösung oder Befreiung bieten können.

Wenn diese Person sich auf der **integralen Eben**e befindet, könnte sie Jesus als Manifestation desselben Christus-Bewusstseins sehen, zu dem jeder, auch du und ich, vollständigen Zugang haben kann, und so ist Jesus Sinnbild eines transformativen Bewusstseins, das zeigt, dass jeder Mensch Teil eines riesigen Systems dynamischer, fließender und sich gegenseitig durchdringender Prozesse ist, das uns alle in seine strahlende Ausbreitung einschließt.

Im **super-integralen Bereich** könnte das Christus-Bewusstsein als Sinnbild des transzendenten, unendlichen, selbstlosen Selbst gesehen werden, des göttlichen Bewusstseins, das in Jesus war und in dir und in mir ist, eines radikal allumfassenden Bewusstseins von Licht, Liebe und Leben, das nach dem Tod des lieblosen und sich selbst beschränkenden Egos aus dem Strom der Zeit aufersteht und eine Bestimmung über den Tod hinaus offenbart, jenseits des Leidens, jenseits von Raum und Zeit, von Tränen und Schrecken und damit genau hier, genau jetzt, in dem zeitlosen Moment, in dem alle Wirklichkeit entsteht.

Mit anderen Worten: Die Erfahrung des veränderten Bewussteinszustands wird zum Teil je nach der Stufe, auf der man sich befindet, interpretiert. Es gibt einen magischen Christus, einen mythischen Christus, einen rationalen Christus, einen pluralistischen Christus, einen integralen und super-integralen Christus und so weiter. Das gilt natürlich für jede Erfahrung, aber bei spirituellen und religiösen Erfahrungen wird es besonders wichtig. Eine Person kann sich auf einer niedrigen Entwicklungsstufe befinden und dennoch eine völlig authentische Erfahrung im subtilen oder kausalen Zustand machen.

Der wiedergeborene Fundamentalist und Evangelikale ist ein sehr häufiges Beispiel hierfür. Diese Person *weiß,* dass sie Christus (oder Allah oder Maria oder Brahman) persönlich erlebt hat, und nichts, was man sagen könnte, wird sie auch nur ansatzweise vom Gegenteil überzeugen. Und es ist zur Hälfte wahr: Sie haben eine authentische, lebendige, reale und unmittelbare Erfahrung einer subtilen Realität gemacht. Aber sie interpretieren diesen Zustand durch Stufen, die egozentrisch oder ethnozentrisch sind: Jesus, und nur Jesus, hat den einzig wahren Weg. Schlimmer noch, ihre reale oder authentische Erfahrung der Liebe wird ihren Ethnozentrismus noch *verstärken*. Nur diejenigen, die Jesus als ihren persönlichen Erlöser annehmen, können Erlösung finden; alle anderen sind von einem allliebenden und allvergebenden Gott zur ewigen Verdammnis und zum Höllenfeuer verurteilt. Ergibt dieser krasse Widerspruch irgendeinen Sinn? Nun, das tut er, wenn man die W-C-Matrix versteht.

Die Existenz von Bewusstseinszuständen lässt uns erkennen, warum Menschen Erfahrungen machen können, die in gewisser Weise sehr spirituell und sehr authentisch sind, selbst wenn sie sich auf einer relativ niedrigen Entwicklungsstufe befinden. Das ist auch der Grund, warum sie so alltäglich sein können. Während der Prozentsatz der Bevölkerung, der sich auf der höchsten (dritten) Entwicklungsstufe einer der Linien befindet, weniger als 1 % zu betragen scheint, liegt der Prozentsatz derjenigen, die angeben, irgendeine Art von spiritueller oder religiöser Erfahrung gemacht zu haben, vielen Umfragen zufolge weit über 75 %. Mit Hilfe der W-C-Matrix beginnen all diese ansonsten völlig widersprüchlichen Daten einen Sinn zu ergeben: 1 % hatten spirituelle Erfahrungen *auf einer höheren Stufe gemacht*; 75 % hatten spirituelle Erfahrungen mit veränderten Bewusstseinszuständen.

Es wäre natürlich ideal, wenn jemand sich einerseits auf den höheren Entwicklungsstufen befände und gleichzeitig ein breites Spektrum an bedeutsamen Bewusstseinszuständen, wie z. B. meditative und kontemplative, gemacht hätte. So wie es heute scheint, konzentrieren sich manche spirituelle Praktizierende aber nur auf meditative Zustände, ohne sich der Entwicklungsstufen bewusst zu sein, was bedauerlich ist. Beides zu verbinden ist eines der Hauptziele einer **Integralen Lebenspraxis**, auf die wir im nächsten Kapitel zurückkommen werden.

Quadranten: Wo liegt die ultimative Realität?

Wir haben gesehen, dass das, was die Menschen als „Spiritualität" bezeichnen, etwas sein kann, das in den höchsten Ebenen oder Stadien einer Linie vorkommt, oder es kann eine Entwicklungslinie selbst sein, oder es kann sich auf verschiedene veränderte Bewusstseinszustände beziehen: Ebenen, Linien und Zustände. Was ist mit Typen und Quadranten?

Wir können diesen Teil sehr schnell abhandeln, da der Grundgedanke nun offensichtlich ist, denke ich. „Typen" ist ein wichtiger Aspekt oder eine wichtige Definition von Spiritualität, da viele Menschen „spirituell" mit irgendeiner Art von Qualität gleichsetzen, wie zum Beispiel Liebe, Güte, Gleichmut, Weisheit und so weiter.

Das stimmt zwar, aber wenn man sich jede dieser Qualitäten ansieht, wird deutlich, dass sie eine Entwicklung durchmachen. Wir haben dies bei Carol Gilligan und der Qualität der Fürsorge oder des Mitgefühls gesehen, die sich von egoistisch über Fürsorge zu universeller Fürsorge bis hin zur Integration entwickelt. Obwohl wir also definitiv Typen einbeziehen, kehren wir normalerweise sehr schnell zu einer der vorherigen Definitionen

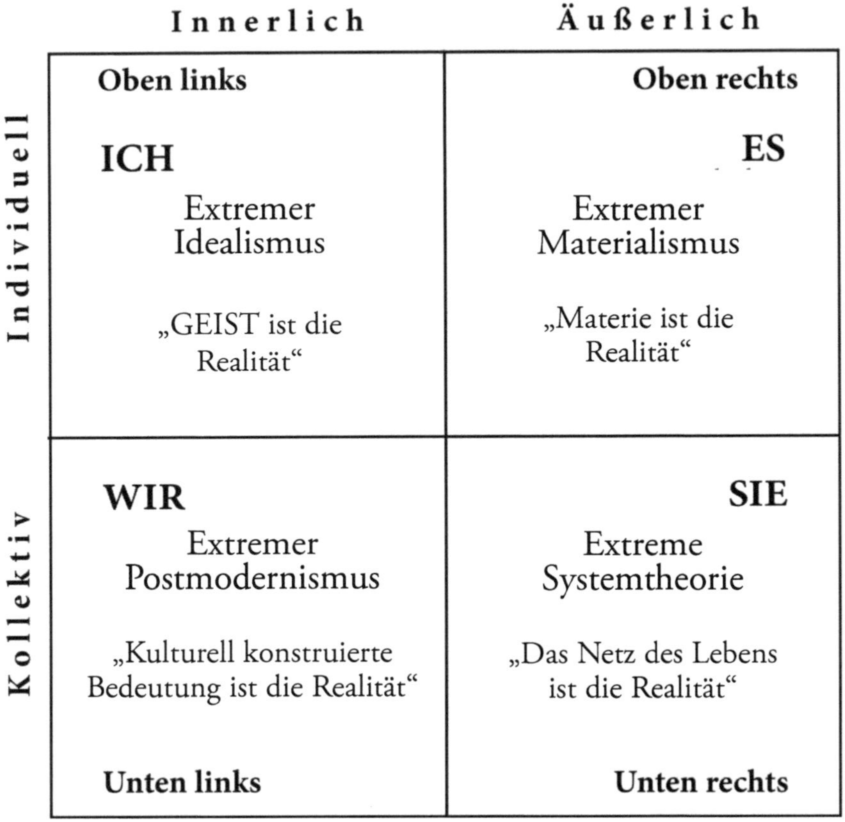

	Innerlich	Äußerlich
Individuell	**Oben links** **ICH** Extremer Idealismus „GEIST ist die Realität"	**Oben rechts** **ES** Extremer Materialismus „Materie ist die Realität"
Kollektiv	**WIR** Extremer Postmodernismus „Kulturell konstruierte Bedeutung ist die Realität" **Unten links**	**SIE** Extreme Systemtheorie „Das Netz des Lebens ist die Realität" **Unten rechts**

Abb. 17 Quadranten-Absolutismus

zurück, die Ebenen und/oder Linien beinhalten. Wir könnten zum Beispiel sagen, dass Spiritualität Liebe beinhaltet und dass spirituell zu sein bedeutet, liebevoll zu sein. Aber die Liebe selbst entwickelt sich von der egozentrischen Liebe über die ethnozentrische Liebe zur weltzentrischen Liebe und zur kosmozentrischen Liebe, und nur die höheren dieser Ebenen sind wirklich spirituell. Narzisstische oder egozentrische Liebe wird gewöhnlich nicht als furchtbar spirituell angesehen. Diejenigen, die sagen: „Alles, was wir brauchen, ist Liebe" („all you need is love"), haben ihren Standpunkt also nicht ganz durchdacht.

Quadranten kommen ins Spiel, wenn verschiedene Theoretiker zu erklären versuchen, was ihrer Meinung nach die „wirklich reale" Beschaffenheit der Welt ist (Abb. 17). Wo befindet sich die letzte Realität in ihrer Vorstellung? Nicht nur, auf welcher Ebene ist ihr Gott, sondern in welchem Quadranten ist ihr Gott?

Ist die Materie die primäre Realität? Oder sind GEIST und Bewusstsein die primären Bestandteile? Oder glauben sie vielleicht, dass all dieser „Überbau" der Religion auf die „Basis" der wirtschaftlichen Realitäten reduziert werden kann? Oder vielleicht, dass all unser Wissen nur eine soziale Konstruktion ist?

Wenn man glaubt, dass die Materie die ultimative Realität ist (d. h., dass der obere rechte Quadrant der einzig wahre Quadrant ist), dann ist jede spirituelle Erfahrung oder jeder Glaube nichts als eine Illusion, ein Epiphänomen von Gehirnzuständen und deren physiologischem Feuerwerk. Gott ist nur ein imaginärer Freund für Erwachsene. Alle derartigen spirituellen Überzeugungen sind „nichts als" physische Feuerwerke im materiellen Gehirn.

Wenn man meint, dass GEIST und Bewusstsein (oberer linker Quadrant) die ultimativen Realitäten sind, dann wird man genau das Gegenteil glauben: die gesamte Welt der materiellen Form ist das gefallene Reich der Illusion, und diejenigen, die daran glauben, sind in Unwissenheit, Sünde, Maya und Samsara verloren.

Wenn man glaubt, dass die Systemsicht der Realität (der Quadrant unten rechts) die ultimative Sichtweise ist, dann sind alle religiösen und spirituellen Überzeugungen nichts anderes als manifeste Strukturfunktionen, die von den „realen" Realitäten des sozialen Systems, der technisch-wirtschaftlichen Basis und den verwobenen Netzen dynamischer Prozesse bestimmt werden.

Und wenn man den linken unteren Quadranten für den einzig wahren Quadranten hält, dann sind alle Aspekte des Wissens – einschließlich all unserer Vorstellungen über Systeme selbst, ganz zu schweigen von Gott und GEIST – nichts als soziale Konstruktionen. Nicht „Ich" noch „Es" noch „Sie" sind letztlich real, sondern das allmächtige „Wir" schafft buchstäblich die ganze Realität.

Diese Art von **Quadranten-Absolutismus** ist für mich nicht befriedigend. Im AQAL-Modell werden alle Quadranten als gleichwertig angesehen; keiner ist wirklicher oder primärer als die anderen; sie alle entstehen und entwickeln sich gemeinsam. Die ultimative Realität, wenn sie überhaupt benannt werden kann, entsteht und entfaltet sich strahlend in einer tetraedischen Struktur. Alle Quadrantendynamiken erschaffen und erhalten sich gegenseitig.

Ist der GEIST real oder nicht?

Lässt sich nach allen Forschungen und Erkenntnissen über höhere Zustände und Stufen des Bewusstseins schließlich mit einiger Sicherheit sagen, ob es einen wirklichen GEIST, eine wirkliche Gottheit, einen wirklichen Grund allen Seins gibt oder nicht?

Ich möchte wiederholen, dass es, wenn wir versuchen, diese letzte Frage zu entscheiden, sicherlich hilfreich wäre, wenn wir die Antworten derjenigen prüfen würden, die sich auf den höchsten Entwicklungsstufen befinden, meinen Sie nicht? Nicht, dass wir alles glauben müssen, was sie sagen, aber wir sollten einfach prüfen, ob sie hier eine Art konsistente Antwort geben.

Wie zu erwarten war, tun sie das. Und es ist so, wie bereits angedeutet, nämlich, dass der ultimative Grund des Seins nicht in magischen oder mythischen Begriffen dargestellt wird, noch wird er als etwas außerhalb dieser Welt oder lediglich transzendent zu dieser Welt gesehen, sondern vielmehr als das So-Sein oder die Ist-Heit dieser Welt oder sogar als die Leere von allem, was entsteht (wobei „Leere" die unqualifizierbare Offenheit oder Transparenz von jeden Augenblick ist).

Manchmal wird es in Begriffen beschrieben, die eine ultimative Intelligenz oder ein gegenwärtiges Bewusstsein oder ein unendliches Bewusstsein implizieren. Damit ist nicht eine dualistische Intelligenz gemeint, die die Dinge absichtlich so gestaltet, wie ein Uhrmacher Uhren herstellt. Es ist eine Intelligenz, die sich in ihrer eigenen Schöpfung erkennt, indem sie diese gleichzeitig hervorbringt. Sie ist das Selbst von allem, was existiert, sodass Wissen und Sein, oder Subjekt und Objekt, in einer nondualen Präsenz eins sind.

Wenn es als Subjekt beschrieben wird, ist es ein Subjekt, das so frei von Objekten ist, dass es von keiner Beschreibung erfasst werden kann – ein riesiger, offener Zeuge, eine absolute Subjektivität, ein Spiegel-Geist, der eins ist mit seinen Reflexionen und sie alle unparteiisch, gleichmäßig, mühelos, spontan reflektiert, ein großer GEIST, der endlos alles umfasst und doch vollständig hier und jetzt ist.

Wenn es in Begriffen des Seins beschrieben wird, ist es keine ontologische Substanz, sondern das „So-Sein“ oder „Ist-Sein“ der Dinge, das vor allen Konzepten, Gefühlen, Gedanken und Bildern steht, aber als einfaches Gefühl des Seins hier und jetzt leicht zu berühren ist.

Wenn es in persönlichen Begriffen beschrieben wird, ist es eine Gottheit jenseits aller Götter und Göttinnen, ein Intelligenz-Abyss, aus dem alle Dinge in diesem Moment hervorgehen. Es ist „ewig“, nicht als etwas, das zeitlich-ewig ist, sondern etwas, das immer gegenwärtig ist, da das zeitlose Jetzt ohne Zeit ist. (Hat nicht sogar Wittgenstein – der einflussreiche moderne Philosoph, der für sein Beharren auf Fakten und Logik bekannt ist – gesagt: „Wenn wir unter Ewigkeit nicht unendliche zeitliche Dauer, sondern Zeitlosigkeit verstehen, dann gehört das ewige Leben denjenigen, die in der Gegenwart leben“)? Mit anderen Worten: nicht etwas, das in der Zeit ewig weitergeht, sondern ein Moment ohne Zeit. Ein endloser Moment, wie sich herausstellt, ein zeitloses Jetzt und eine reine Gegenwart, die alle Zeit in ihrer Hand hält, wenn man nur weiß, wo sie zu finden ist.

Es gibt so viele „Beschreibungen“ dieses GEISTES, wie es Menschen gibt, die sich auf den super-integralen Wellen des Bewusstseins entfalten. Doch sie alle stimmen darin überein, dass GEIST – unter welchem Namen auch immer und jenseits aller Multikulturalität – der Grund und das Ziel aller Existenz ist, eine unendliche Realität, die hinter, jenseits, über, innerhalb und als das gesamte manifeste Universum existiert.[*]

Gibt es einen Hinweis auf diesen Gott? Ja, absolut, und hier ist er: Entwickle dich zu den ultravioletten Wellen deines eigenen Bewusstseins und dann *schau hin.* Und schmeckt, berührt, fühlt, atmet und sagt uns, was ihr seht. Aber eines ist sicher: Es ist kein mythischer Gott, es ist kein wissenschaftlicher Materialismus, es ist kein Pluralismus. Alle drei haben versagt, zufriedenstellende Antworten auf das Rätsel der Existenz zu geben, und das ist genau der Grund. Sie waren noch nicht vollständig genug, um das große Bild unseres eigenen Seins, unseres eigenen Werdens und unsres eigenen Erwachens zu sehen.

Schlussfolgerung

Die vielen Gesichter des GEISTES, in der Tat....

Anhand der AQAL-Matrix erkennen wir, dass sich „Spiritualität“ auf Quadranten, Stufen/Stadien, Linien, Zustände und Typen beziehen kann und in dieser Weise oft auch schon verwendet wurde. Jede dieser Verwendungen ist gültig, aber wir müssen angeben, auf welchen Aspekt der Spiritualität wir uns beziehen, denn sonst sind unsere Schlussfolgerungen einander diametral entgegengesetzt und enden in tiefen Widersprüchen. Kein Wunder, dass der Bereich der Spiritualität vielleicht das verworrenste Thema bleibt, das ein Mensch diskutieren kann.

Aber wenn man anfängt, das AQAL-Modell zu benutzen, fängt plötzlich alles an, Sinn zu machen, zumindest genug, um aus dem Albtraum des Fundamentalismus, der deprimierenden Leere der wissenschaftlichen Moderne oder der Einöde von was auch immer herauszukommen. Wenn wir uns in Richtung der supramentalen, transpersonalen und überbewussten Dimensionen der Evolution bewegen, scheint der GEIST selbst zu lächeln, seine Anwesenheit anzukündigen und zum x-ten Versteckspiel mit seinem eigenen Sein und Werden zu erwachen.

Es gibt einen GEIST für jede einzelne Welle des Bewusstseins, denn der GEIST *ist* eben jenes Bewusstsein, das auf den verschiedenen Ebenen seiner eigenen Entwicklung erscheint, dasselbe Bewusstsein, das im Mineral schlummert, sich in der Pflanze regt, sich im Tier bewegt, im Menschen auflebt und im erwachten Weisen zu sich selbst zurückkehrt. Das Außergewöhnlichste ist, dass wir alle – auch Sie und ich – eingeladen sind, selbst ein erwachter Weiser zu werden.

6 Integrale Lebenspraxis

LEBE!

Das Ziel einer Integralen Lebenspraxis ist es, das gesamte Spektrum unserer einzigartigen und besonderen Fähigkeiten zu verwirklichen. Durch tägliches Üben in einer Vielzahl von Bereichen oder Modulen können wir mehr Freiheit und Fülle in unserem Leben erfahren.

Der erwachte Weise ist nicht nur eine seltene Kuriosität, die allein in einer Höhle in Indien lebt oder auf einem Berggipfel in Tibet thront. Der erwachte Mensch ist die Natur unseres eigenen Bewusstseins, sogar hier und jetzt, in den tiefsten Formen und höchsten Wellen. Dies zu erkennen, ist das Ziel der **Integralen Lebenspraxis**.

Die meisten Anwendungen des AQAL-Modells, die wir uns bisher angeschaut haben, konzentrieren sich auf einige der praktischen Anwendungen des Integralen Ansatzes in Medizin, Wirtschaft und Ökologie sowie auf seine Beziehung zur Spiritualität. Was ist mit den *erfahrungsbezogenen* und *praktischen* Aspekten meines eigenen Bewusstseins, meines Wachstums, meiner Transformation und meines Erwachens?

Die praktische, auf uns selbst bezogene Anwendung des Integralen Ansatzes wird **Integrale Lebenspraxis** oder **ILP** genannt. Die Integrale Lebenspraxis ist der erste Ansatz, der alle wesentlichen Faktoren zu kombinieren vermag, um eine möglichst effektive persönliche Transformation zu erreichen. Wie Abbildung 8 (S. 42) darstellt, ergeben 3 Ebenen in 4 Quadranten 12 Zonen. Die Integrale Lebenspraxis hat praktische Übungen für das Wachstum in allen 12 Zonen entwickelt, ein radikal einzigartiger und historisch beispielloser Ansatz für Wachstum, Entwicklung und Erwachen.

Konzentrieren wir uns auf die einzelnen oberen Quadranten, um zu sehen, worum es geht. Diese Zonen sind so wichtig, dass wir sie als *die Kernmodule bezeichnen – Körper*, *Verstand*[4], *GEIST* und *Schatten*.

4 Anm. d. Herausgeber: „Mind" wurde hier, statt wie sonst mit „Psyche", mit „Verstand" übersetzt, als eines der vier Kernmodule einer Integralen Lebenspraxis, weil der Schwerpunkt für Wilber dabei auf einem Erkennen und Verstehen der integralen Landkarte liegt. Dabei ist es wichtig, dass es sich nicht um ein bloßes intellektualisierendes Verstehen handelt, losgelöst oder gar dissoziiert von einer erlebten Erfahrung, sondern aus einer Verbindung/Integration von Erkennen/Verstehen und Erfahren/Erleben.

KERNMODULE

Körper (physisch, subtil, kausal)	Verstand (Denkschema, Sichtweise)	GEIST (Meditation, Gebet)	Schatten (Therapie)
Gewichtheben (physisch) Aerobics (physisch) F.I.T. ☆ (physisch, subtil) Diät: Atkins, Ornish, The Zone (physisch) ILP-Diät ☆ (physisch) Tai Chi Chuan (subtil) Qi Gong (subtil) Yoga (physisch, subtil) 3-Body Workout ☆ (physisch, subtil, kausal)	Lesen & Studieren Glaubenssystem Integrale (AQAL) Landkarte ☆ Mentales Training Einnehmen unterschiedlicher Perspektiven Jede Weltanschauung oder Bedeutung, die für einen selbst richtig ist	Zen Gebet d. Sammlung Big-Mind- ☆ Meditation Kabbala Mitfühlender ☆ Austausch TM (Transzendentale Meditation) Integrale ☆ Erforschung Vipassana Meditation Das 1-2-3 ☆ Gottes	Gestalttherapie Kognitive Therapie 3-2-1 Prozess ☆ Traumarbeit Beziehungsarbeit Psychoanalyse Kunst- & Musik-Therapie

Abb. 18 Integrale Lebenspraxis: Die Kernmodule

Um ein Beispiel dafür zu geben, worum es geht, seien die „1-Minuten-Module“ genannt, die für jeden dieser Bereiche entwickelt wurden. Es handelt sich dabei um stark gekürzte Versionen der ausführlichen Module, aber diese kurzen Versionen schaffen es, das Wesentliche jedes Moduls in einer sehr komprimierten und destillierten Weise zu erfassen. Natürlich empfehlen wir Ihnen, die ausführlicheren Versionen der verschiedenen Module und Praktiken zu absolvieren, aber die 1-Minuten-Module sind bemerkenswert effektiv, wenn man wenig Zeit hat oder wenn man einen Eindruck von den Effekten der ausführlicheren Versionen gewinnen möchte. Man muss natürlich nicht die ILP-Version einer integralen Praxis machen, jeder kann seine eigene integrale Praxis nach seinen eigenen Möglichkeiten entwickeln. Wie in der Abbildung zu sehen ist, kann eine große Anzahl von Praktiken in den verschiedenen Modulen verwendet werden. Die Idee ist, einfach eine Praxis aus jedem der Basismodule auszuwählen und sie dann gleichzeitig einzusetzen. Wenn man das *Integral Life Practice Handbook* (Integral Books, 2007) verwenden möchte, ist das auch in Ordnung, denn die Forscher vom Integral Institut haben sich viel Arbeit gemacht und ausführliches Anleitungsmaterial erstellt, das die hier gegebenen Informationen erheblich erweitert. Aber wie immer auch man vorgehen möchte: Es ist in Ordnung so.

Die Kernmodule

Körper, Verstand, GEIST und Schatten – das sind die **Kernmodule**. Man arbeitet damit ganz einfach:

- Wählen Sie aus jedem der **vier Kernmodule eine Übung aus** (wir empfehlen insbesondere die mit Sternen gekennzeichneten Praktiken)
- Fügen Sie nach Belieben Übungen aus den **Zusatzmodulen hinzu**
- **Und los gehts!**

Modul Körper

Zunächst einmal ist mit „Körper" nicht nur der typische Gefühlskörper der New-Age-Spiritualität gemeint, auch nicht der normale physische Körper der westlichen Medizin. Es ist beides, und noch mehr. Er bezieht sich auf den grobstofflichen physischen Körper, den subtilen Energiekörper und den kausalen transzendenten Körper. ILP beinhaltet das Training all dieser Körper, oder was wir **das 3-Körper-Workout** nennen.

Das 3-Körper-Workout umfasst Übungen für den physischen Körper, wie Gewichtheben und Aerobic. Es beinhaltet auch Übungen für den subtilen Körper der Emotionen, der Vorstellungskraft und des gefühlten Sinns, einschließlich Variationen von Tai Chi und Qigong. Und es enthält Übungen für den Kausalkörper, wie das Fühlen der Unendlichkeit und den Kreis des Lichts und des Lebens. Hier sind einige der 1-Minuten-Module für das 3-Body-Workout.

1-Minuten-Modul

Kraft-Workout

Dies ist eine vereinfachte Form der Grundübungen des Gewichthebens. Es ist der kürzeste und einfachste Weg, um die Muskeln zu trainieren und stark zu halten. Bei dieser Übung stärken wir unsere Muskeln, indem wir sie schnell bis an ihre Leistungsgrenze und noch darüber hinaus beanspruchen und sie sich dann erholen lassen. Unser Körper baut das Muskelgewebe wieder auf, um die gleiche Herausforderung beim nächsten Mal zu meistern. Wenn man dieses Prinzip der Herausforderung, der Leistungsgrenze und der Erholung berücksichtigt, kann das Training extrem einfach, schnell und effektiv sein.

Um die Muskelkraft zu steigern, wählen Sie eine Muskelgruppe aus, an der Sie arbeiten möchten (z. B. Bizeps, Brust, Bauchmuskeln, Beine). Sie können eine Langhantel, Kurzhanteln, eine Maschine oder Ihr eigenes Körpergewicht verwenden (z. B. Kniebeugen, Liegestütze, Sit-ups). Aufwärmen. Führen Sie die Übung dann so lange aus, bis die Muskelgruppe vollständig erschöpft ist. Wenn Sie mit Gewichten arbeiten, sollten Sie etwa 8 bis 12 Wiederholungen machen. Das war's – Sie sind fertig!

Ein Tag, ein Satz, eine Muskelgruppe. Wählen Sie für Ihre nächste Krafttrainingseinheit einfach eine andere Muskelgruppe aus ... und wiederholen Sie. Ein oder zwei Minuten jeden Tag. Sie werden über die Verbesserung in nur einem Monat erfreut sein. Probieren Sie es aus!

1-Minuten-Modul

Aerobic-Training

Die Forschung zeigt, dass zur Steigerung Ihrer aeroben Kapazität nicht unbedingt lange Läufe oder Konditionierungsübungen erforderlich sind. Schon ein paar schnelle Zyklen, in denen Sie Ihre Herzfrequenz erhöhen und sich dann ausruhen – auch *Intervalltraining* genannt –, können Ihnen unglaubliche Vorteile bringen. Um die Herz-Kreislauf-Gesundheit zu verbessern, wählen Sie eine beliebige aerobe Übung, die Ihre Herzfrequenz erhöht – das kann Laufen, Radfahren oder sogar Seilspringen sein. Wärmen Sie sich auf, und führen Sie die Übung dann so lange durch, bis Ihre Herzfrequenz auf etwa 80 % ihres Maximalwerts ansteigt (etwa dann, wenn Sie anfangen, kurzatmig zu werden). Sobald dies der Fall ist, beenden Sie die Aktivität und ruhen Sie sich für eine kurze Zeit vollständig aus. Wiederholen Sie dies 2 oder 3 Mal.

1-Minuten-Modul

3-Körper-Workout

Abb. 19

1. Kausalkörper[5]

Abb. 19 Stehen und natürlich atmen...

> ***Nimm das So-Sein,***
> ***das Ist-Sein dieses und jedes Augenblicks wahr.***
> ***Ich bin dieses So-Sein.***
> ***Ich bin die Offenheit, in der alle Dinge entstehen.***

Einatmen, ausatmen und wieder einatmen. Die Handflächen am Herzen zusammenführen, dann die Hände über der Brust verschränken und beim letzten Ausatmen beide Hände auf beiden Seiten öffnen...

> ***Ich atme aus und lasse mich in die Unendlichkeit los.***

---

5 Wegen möglicher Verletzungsgefahren empfehlen wir Anfängern, sich vor der Durchführung dieser und folgenden Übungen von einem erfahrenen Trainer beraten zu lassen.

Abb. 20 Abb. 21 Abb 22

2. Subtiler Körper

Abb. 20 *Einatmend* sammeln die Hände Energie und kommen zu locker verschränkten Fingern...

Ich atme in die Fülle des Lebens

Abb. 21 *Ausatmend* bewegen sich die Hände nach vorne, die Handflächen zeigen zum Himmel...

Ich atme aus und kehre ins Licht zurück.

Abb. 22 *Einatmend* kommen die Hände an den Seiten herunter und kehren zu den locker verschränkten Fingern zurück...

Der Kreis schließt sich, ich bin frei und erfüllt.

Insgesamt 8 Armkreise fortsetzen, Zunge am Gaumen (Vervollständigung des „mikrokosmischen Orbits"). Ausatmend bewegen sich die Hände vorne nach oben zum Himmel; einatmend kreisen die Hände wieder nach außen und unten.

Abb. 23 Abb. 24 Abb. 25

3 . Physischer Körper

Abb. 23 Mit den Händen den Bauch berühren, ein- und ausatmen...

> *Unendliche Freiheit und Fülle erscheinen*
> *als dieser kostbare menschliche Körper.*

Abb. 24 Einatmen und ausatmen, sanft in die Hocke gehen, den Boden berühren...

> *Wenn ich die Erde berühre,*
> *bin ich mit allen Wesen verbunden.*

4. Widmung

Abb. 25 Verbeugung in vier Richtungen (nach rechts, im Uhrzeigersinn).

> *Möge mein Bewusstsein und mein Verhalten*
> *allen Wesen in allen Welten dienen*
> *und alle in die So-Heit*
> *dieses und jedes Augenblicks befreien.*

Modul Verstand: Das AQAL-Modell

Das Modul, das vielleicht das wichtigste in der gesamten Integralen Lebenspraxis ist, ist das Modul Verstand, einfach weil es das fehlende Glied zwischen Körper und GEIST ist. Spirituell Praktizierende auf der ganzen Welt sagen gemeinhin, dass wir „Körper, Verstand und Seele" einbeziehen und ehren müssen, aber tatsächlich wurde in den letzten zwei Jahrzehnten der Verstand fast völlig außen vor gelassen, und die Gefühle des Körpers standen im Mittelpunkt, so sehr, dass unmittelbare Gefühle und Erfahrungen oft mit dem spirituellen Bewusstsein selbst gleichgesetzt worden sind. Der Verstand oder Intellekt wurde nicht nur ausgeklammert, er wurde als „nicht-spirituell" und sogar als „anti-spirituell" bezeichnet, wobei die Idee offenbar darin besteht, dass man „aus dem Herzen kommen" und die als Gehirn bekannte Blockade umgehen sollte. „Nicht intellektualisieren, nicht konzeptualisieren, sondern einfach fühlen, einfach erfahren" – diese Worte schallten durch das Land, als spirituelle Praktiker überall glaubten, dass man, um den GEIST zu finden, „den Verstand verlieren und zu Sinnen kommen" müsse.

Die Psyche[6] ist aber eigentlich das Bindeglied zwischen Körper und GEIST. Verstand oder Intellekt ist in Sanskrit *buddhi,* aus dem alle *Buddhas* geboren werden. Die Psyche ist das, was Körper und GEIST zusammenhält.

Die Psyche entspringt direkt dem GEIST und ist sowohl der erste Ausdruck des GEISTES als auch die höchste Ebene bei der Rückkehr zum GEIST. Die Psyche verankert den GEIST im Körper und erhebt den Körper zum GEIST, gibt dem GEIST sein Fundament und dem Körper seine geistige Richtung, die sich sonst in seinen eigenen Empfindungen, Anblicken und Gefühlen verlieren würde. Das spirituelle Wachstum selbst bewegt sich von den egozentrischen Körpergefühlen, die nur sich selbst fühlen können, zur Psyche, der die Rolle anderer übernehmen kann und so beginnt, sich über das Ego hinaus auszudehnen, und von dort in die weltzentrische Umarmung des GEISTES. *Sich in die Lage eines anderen zu versetzen*, ist ein mentaler Vorgang, ein kognitiver Vorgang, und daher erfordert das Fühlen von Gefühlen, *die nicht die eigenen sind,* die Psyche. Es

6 Anm. d. Herausgeber: An dieser Stelle übersetzen wir „mind" wie schon vorher mit „Psyche".

ist die Psyche, der es dem Bewusstsein ermöglicht, sich über das Gefängnis seiner egozentrischen Gefühle zu erheben und sich radikal über sich selbst hinaus auszudehnen auf dem Weg, den gesamten Kosmos der Gefühle, Gedanken und des leuchtenden Bewusstseins zu umarmen.

Ohne einen zusammenhängenden und umfassenden geistigen Rahmen fallen die Dinge schneller auseinander, als man „Feelings" (Lied von Morris Albert) singen kann. In den letzten drei Jahrzehnten hat sich eine Tatsache immer wieder gezeigt: Ohne einen geistigen Rahmen, der spirituelle Erfahrungen einordnet und tatsächlich festhält, bleiben diese Erfahrungen einfach nicht haften.[7]

In der Integralen Lebenspraxis verwenden wir das AQAL-Modell, einfach weil es die einzige wirklich integrale Sichtweise ist, die uns derzeit bekannt ist. AQAL ist keine „bloße Abstraktion", sondern eine lebendige, leuchtende, erfahrbare Realität. In der Tat berichten manche Menschen, dass es **psychoaktiv** ist. Sobald AQAL erlernt wurde, wirkt es wie eine innere Checkliste, die uns auf Bereiche unserer eigenen Fähigkeiten aufmerksam macht, die wir vielleicht nicht so vollständig nutzen, wie wir könnten. AQAL drängt nichts von außen auf, sondern erhellt das Innere unserer eigenen Möglichkeiten. Es ist auch psychoaktiv in dem Sinne, dass es die Natur dessen verändert, von dem wir dachten, dass es in unserem eigenen Wesen vorhanden ist. Und schließlich macht es Spaß: Wenn man es tatsächlich versteht, ist es nicht schwer, sondern aufregend.

Allem einen Sinn geben

Viele Menschen verwenden einen einfachen Satz, um die Begeisterung für die Arbeit mit dem AQAL-Modell zu erklären: „Alles wird sinnvoll" – und genau das ist es, wozu AQAL uns verhilft. In der Tat wurde es zunächst als eine Möglichkeit entwickelt, alle verschiedenen Arten menschlicher Aktivitäten zu erfassen. Es ist das Ergebnis von über 30 Jahren Forschung von mir und vielen anderen Wissenschaftlern und bot uns eine Möglichkeit, alle wichtigen Formen von Wissen und Erfahrung zu klassifizieren und zu indexieren. (Wir haben es in diesem Buch so verwendet, als wir

7 Anm. d. Herausgeber: Und gleichzeitig würde Wilber sicher folgender Aussage zustimmen: Jedoch nur mit einem intellektuellem Wissen ohne eine (spirituelle) Erfahrung hat man lediglich ein von der Lebendigkeit und selbst erfahrenen Evidenz abgekoppeltes Wissen.

zum Beispiel die verschiedenen Bedeutungen von „Spiritualität“ indexiert haben).

Aber es wurde bald klar, dass AQAL auch in vielen anderen Bereichen nützlich war, unter anderem als eine ziemlich außergewöhnliche Karte unseres eigenen Bewusstseins (sonst würde sie nicht als Indexierungssystem funktionieren). Wir verglichen sie dann mit über 100 Karten des menschlichen Körper-Geistes aus der ganzen Welt – vormoderne, moderne und postmoderne – und nutzten sie alle, um die Lücken zu füllen, die die anderen hinterlassen hatten. Diese „zusammengesetzte Karte“ bestand aus fünf einfachen Elementen, und so wurde AQAL geboren.

Wenn Sie anfangen, AQAL zu benutzen, können Sie selbst überprüfen, ob es Ihnen hilft, „in allem einen Sinn zu erkennen“. Nehmen wir zum Beispiel den Konflikt zwischen Religion und Wissenschaft. Barbara Walters hatte einmal eine Fernsehsendung mit dem Titel „Heaven“. Darin interviewte sie zunächst viele der populärsten spirituellen Lehrer von heute, von Deepak Chopra bis zum Dalai Lama, und jeder von ihnen erklärte, wie bedeutsam das spirituelle Leben für ihn ist. Dann, in der zweiten Hälfte der Sendung, interviewte sie bekannte Wissenschaftler, von denen jeder mit vielen Worten erklärte, dass spirituelle Erfahrungen nichts anderes als ein physisches Feuerwerk im materiellen Gehirn seien. Es gebe keinen GEIST, sondern nur Materie, erklärten sie, und Menschen, die an Ersteres glauben, wären offensichtlich süchtig nach infantilen Illusionen und ähnlichem.

Es war seltsam, sich das anzusehen, weil man schnell merkte, dass die Denkweise vieler der Interviewten in dieser Sendung war, dass, wenn eine Hälfte von ihnen recht hatte, die andere Hälfte völlig falsch liegen musste. Wenn die Wissenschaftler recht hatten, mussten die spirituellen Autoritäten alle in Illusionen gefangen sein – und umgekehrt! Das würde bedeuten, dass die Hälfte aller Menschen ihr Leben mit nichts als Illusionen verbringt. Das war kein befriedigendes Ergebnis. Dabei könnten beide Parteien recht haben, wenn ihnen klar würde, dass die spirituellen Menschen über den oberen linken Quadranten sprechen und die Wissenschaftler über den oberen rechten Quadranten.

Oder nehmen wir die **Kulturkriege**. Wenn sich das obige Beispiel vor allem auf Quadranten bezieht, so beziehen sich die Kulturkriege vor allem auf Ebenen. Obwohl es viele verschiedene Aspekte der Kulturkriege gibt, konzentrieren sie sich auf einen intensiven Kampf zwischen **traditionellen** Werten, **modernen** Werten und **postmodernen** Werten. Denken wir daran, dass Menschen mit einem Wertesystem des ersten Rangs davon ausgehen, dass ihre Werte die einzigen wirklichen Werte sind, die es überhaupt gibt, während alle anderen Menschen bestenfalls in tiefer Verwirrung, schlimmstenfalls in völliger Illusion gefangen sind. Nun, willkommen im Kulturkampf! Es ist buchstäblich fast so einfach.

Was wir natürlich erwarten, ist der große Sprung auf den zweiten Rang, wo die erste echte Integration der verschiedenen Ebenen stattfindet und wo sich das eigene Bewusstsein über das Kreuzfeuer der Kulturkriege hinaus in die weiträumige Offenheit des integralen Bewusstseins erhebt, auf dem Weg zu seiner eigenen überpersönlichen Verwirklichung und Erleuchtung.

In diesem und so vielen anderen Bereichen machen die Dinge plötzlich Sinn, wenn man einen integralen oder AQAL-Rahmen verwendet. Plötzlich gibt es einen Platz für alles in Ihrem Leben. Eine große Tiefe des Friedens und der Gewissheit erfüllt unser Wesen, wenn der Verstand Platz für den gesamten Kosmos schafft und nicht nur für ein kleines, unbedeutendes Stückchen davon hier und da. Freude kehrt in das Denken zurück; der Intellekt leuchtet tatsächlich auf – und erhellt sich – so wie es von ihm erwartet wird; und leuchtende Klarheit definiert jeden Moment in der Welt aller integralen Dinge.

Am wichtigsten ist, dass alles in unserem Leben darin Platz hat. Alles wird sinnvoll, weil alles passt. Der *Sinn* kehrt tatsächlich in das eigene Leben zurück. Das ist der wichtigste und am schnellsten erkennbare Punkt des Integralen Ansatzes: Alles ordnet sich und so kann Sinn erlebt werden.

Wir erkennen und erleben: Wo vorher lediglich Ironie war, entsteht Sinn. Wo vorher lediglich eine fragmentierte und zerbrochene Welt existierte, entsteht Sinn. Wo vorher Verzweiflung herrschte, entsteht Sinn. Probieren wir den Integralen Rahmen für eine Weile aus, testen wir ihn und prüfen wir, was wir davon halten. Aber welchen Rahmen oder welche Sichtweise wir auch immer verwenden: Machen wir ihn bitte so groß und umfassend wie möglich, denn die Sinnhaftigkeit unseres Lebens hängt mit Sicherheit davon ab.

	Innerlich	Äußerlich
Individuell	**Oben links** **ICH** Subjektiv Bewusstseinszustände Erlebensweisen Wahrnehmungen Fantasien Emotionen Intuitionen Gedanken	**Oben rechts** **ES** Objektiv Körper und Gehirn Alles, was sich äußerlich wahrnehmen (anfassen, sehen, hören, riechen, schmecken) und überprüfen lässt Verhaltensweisen
Kollektiv	**WIR** Intersubjektiv Kultur Religionen Ideologien Sprache Gemeinsame Werte, Regeln und Überzeugungen Gruppen- und Gemeinschaftsidentät **Unten links**	**SIE** Interobjektiv Umwelt Systeme Netzwerke Technologie Organisationen Politische Gruppierungen **Unten rechts**

Abb. 26 Die vier Quadranten und ihre vier Perspektiven

1-Minuten-Modul
Ein Gefühl für AQAL bekommen

Hier ist das 1-Minuten-Modul für das AQAL-Modell, das sich auf drei Ebenen (Körper, Psyche, GEIST) und vier Quadranten (Ich, Es, Wir und Sie) konzentriert. Es heißt „Bekommen Sie ein Gefühl für AQAL“, weil dieses Modell keine bloße Abstraktion ist, sondern eine Landkarte einer gefühlten und lebendigen Realität.

Der Eckpfeiler des AQAL-Modells ist das Verständnis von *Perspektiven.* In jedem Moment können wir diese grundlegenden Dimensionen unseres Seins spüren, indem wir einfach wahrnehmen, was bereits vorhanden ist.

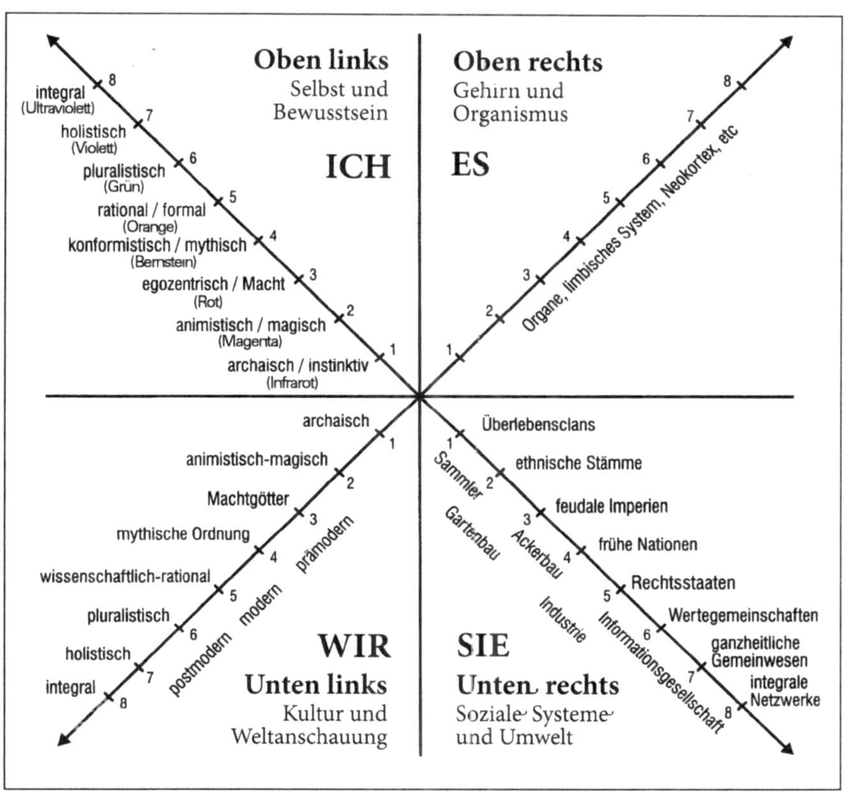

Abb. 27 Die vier Quadranten mit weiteren Details, auch mit den symbolischen Farbzuordnungen, die Wilber manchmal verwendet

- Spüren wir unseren gegenwärtigen Ich-Raum oder unser individuelles Bewusstsein. Wie fühlt es sich an, in diesem Moment ein „Ich" zu sein? **Spüren wir** diese Ich-Besonderheit.

- Spüren wir unseren gegenwärtigen Wir-Raum oder unser intersubjektives Erleben. Wie fühlt es sich an, in diesem Moment in Beziehung zu anderen Menschen zu stehen? (Wenn keine anderen Menschen anwesend sind, können wir uns einen Lebenspartner, unsere Familie oder unsere Arbeitskollegen vorstellen. Wir können sogar versuchen zu fühlen, was uns mit jemandem auf der anderen Seite der Welt verbindet. **Spüren wir** das Wir-Gefühl.

- Spüren wir unseren gegenwärtigen Es- und Sie-Raum oder Ihre objektive Welt. Was ist physisch um Sie herum? Wie fühlt sich der Boden unter Ihren Füßen an? **Spüren wir** diese So-Heit.
- Spüren wir jetzt unseren Körper, unsere Empfindungen und Gefühle. Nehmen wir unseren Verstand, unsere Gedanken und Bilder wahr.
- Spüren wir schließlich den Zeugen oder den GEIST dieses und jedes Augenblicks – das, was sich aller unserer Perspektiven und auch unseres Selbst bewusst ist, genau jetzt. Erinnern wir uns im Stillen daran: „Dies sind alle Dimensionen meines Seins und Werdens, die ich alle mit einbeziehe und von denen ich keine ablehne."

Wir haben gerade eine sehr kurze Version von AQAL erlebt – alle Quadranten (Ich, Wir, Es, Sie) und alle Ebenen (Körper, Psyche und GEIST). Dies ist die Ausübung von **Körper, Psyche und GEIST** in uns **selbst, in der Kultur** und in der **Natur.**

Das 3-2-1-Modul der Schattenarbeit

Bezüglich dessen, dass ich vorhin schrieb, das Verstandesmodul sei das wichtigste Modul, habe ich meine Meinung geändert: das Schattenmodul ist es. (Na ja, sie sind alle wichtig, oder?) Eine weitere Lektion, die wir in den letzten Jahrzehnten auf die harte Tour gelernt haben, ist, dass, wenn man keine Schattenarbeit macht, praktisch jedes andere Modul sabotiert werden kann, und zwar im schlimmsten Fall durch die eigenen unbewussten Motive.

Der „Schatten" ist ein Begriff, der für das persönliche Unbewusste steht, also für das psychologische Material, das wir verleugnen, verdrängen, dissoziieren oder abspalten. Leider verschwindet dieses Material nicht, wenn wir es verleugnen; im Gegenteil, es kehrt zurück, um uns mit schmerzhaften neurotischen Symptomen, Obsessionen, Ängsten und Befürchtungen zu plagen. Dieses Material aufzudecken, sich mit ihm anzufreunden und es sich wieder zu eigen zu machen, ist nicht nur notwendig, um die schmerzhaften Symptome zu beseitigen, sondern auch, um ein stimmiges und gesundes Selbstbild zu entwickeln.

Nehmen wir zum Beispiel jemanden, der sich mit seinen eigenen Gefühlen von Wut oder Aggression unwohl fühlt. Immer dann, wenn er sich in einer Situation befindet, wo der Durchschnittsmensch wütend, gereizt oder ärgerlich ist, spürt dieser Mensch seine eigene Wut nicht, weil er sie unbewusst abwehrt. Die Wut verschwindet dadurch nicht wirklich, sondern wird verdrängt und bleibt weiter wirksam, z. B. indem sie auf oder auf jemand anderen projiziert wird. Da er spürt, dass jemand verdammt wütend ist, und da er es unmöglich selbst sein kann, muss es jemand anderes sein – irgendjemand anderes. Da fällt ihm ein, dass sein Chef wirklich wütend auf ihn zu sein scheint! Und das macht ihn deprimiert. Seine eigenen Gefühle der Wut wurden verdrängt und verleugnet, um dann als Gefühle der Entfremdung und Depression zurückzukehren. Aus Wut wurde Traurigkeit und dieser Mensch muss sich durch ein ziemlich unglückliches Leben quälen.

Früher dachte man, dass Meditation allein die meisten Arten von Schattenmaterial freilegen und bewusst machen würde. Aber nachdem mehrere Jahrzehnte lang Menschen meditiert hatten, blieben Millionen von Schattenbereichen unbewusst. Es wurde nach den Gründen dafür gesucht, und die Quintessenz scheint zu sein, dass das Panoramabewusstsein der Meditation zu sehr ein Schrotflinten-Ansatz ist, um an bestimmte Schattenelemente heranzukommen, wenn man nicht genau weiß, wonach man suchen soll. Hierfür ist eine „Laser-Psychotherapie" erforderlich.

Im obigen Beispiel könnte Meditation, weil sie die Fähigkeit zu Sensibilität und Gefühlsbewusstsein erhöht, dieser Person helfen, mit ihren Gefühlen von Traurigkeit und Depression besser in Kontakt zu kommen. Sie könnte dadurch fähig werden, den ganzen Umfang ihrer depressiven Gefühle zu erkunden, aber dieser Mensch wird nicht unbedingt die Wut und den Zorn entdecken, die hinter seinen depressiven Gefühlen verborgen und versteckt sind, wenn er nicht genau weiß, was, wo und wie er suchen muss. Diese psychologische Detektivarbeit ist die Domäne der großen Tiefenpsychologien, die weitgehend eine Entdeckung des modernen Westens ist. Die Meditation kann eine Psychotherapie unterstützen, aber nicht ersetzen.

Es gibt viele wirksame Formen der Schattenpsychotherapie, von der Gestalttherapie über die psychodynamische Therapie bis zur Transaktionsanalyse. Andere Formen der Psychotherapie, auch wenn sie sich nicht direkt mit dem Schatten befassen, können ebenfalls sehr wirksam bei der Korrektur neurotischer Störungen sein. Die Nützlichkeit von kognitiven und interpersonellen Ansätzen ist besonders gut dokumentiert. Auch regelmäßiges Tagebuchschreiben über die eigenen inneren Prozesse oder die Methode des Stimmendialogs („Voice Dialogue") können helfen. Wir bezeichnen all dies als „Schattenarbeit".

Aber welche Form wir auch immer wählen mögen, keine integrale Lebenspraxis ist vollständig ohne eine Art von Schattenarbeit. Der einfache Vorschlag ist, diese Lektion nicht auf die harte Tour zu lernen, denn unser Schatten kann uns den ganzen Weg zur Erleuchtung und zurück begleiten.

Hier ist das 1-Minuten-Schatten-Modul, das wir „Das 3-2-1 der Schattenarbeit" nennen, weil es hilft, Schattenanteile in bewusste und bessere Aspekte des Selbst umzuwandeln, indem man dem Schatten in seiner Vorstellung als eine 3. Person **gegenübersteht**, mit ihm als eine 2. Person **spricht** und dann als eine 1. Person **ist**. 3. Schaue es an – 2. Sprich mit ihm – 1. Erkenne, dass Du es bist.

1-Minuten-Modul

3-2-1-Prozess der Schattenarbeit

Wir können den 3-2-1-Prozess jederzeit durchführen, wenn wir ihn brauchen. Zwei besonders nützliche Zeitpunkte sind direkt nach dem Aufwachen am Morgen und kurz vor dem Schlafengehen am Abend. Sobald wir den 3-2-1-Prozess kennen, brauchen wir nur eine Minute für alles, was uns stören könnte.

- Gehen wir morgens als erstes (bevor Sie aufstehen) unsere Trauminhalte durch und suchen wir nach jemanden, der mit einer positiven oder negativen emotionalen Ladung aufgetaucht ist. **Stellen wir uns dann diese Person vor** und behalten sie im Gedächtnis.
- Dann **sprechen** wir mit dieser Person oder gehen einfach in Resonanz mit ihr.
- Schließlich **sind** wir diese Person, indem wir ihre Perspektive einnehmen.

ZUSATZ

Ethik	Sexualität	Arbeit	Emotionen	Beziehungen
Verhaltens-kodizes	Tantra	Rechter Lebenserwerb	Emotionen ☆ umwandeln	Integrale ☆ Beziehungen
Professionelle Ethik	Integrales ☆ sexuelles Yoga	Professionelles Training	Training von emotionaler Intelligenz	Integrale ☆ Elternschaft
Soziales & ökologisches Engagement	Kamasutra	Geld-management	Bhakti-Yoga (Demutpraxis)	Kommunikations-fähigkeit
Selbstdisziplin	Kundalini-Yoga	Arbeit als ☆ Form der ILP	Praxis der emotionalen Achtsamkeit	Paartherapie
Integrale Ethik ☆	Sexuelle transformative Praxis	Karma-Yoga	Tonglen (Meditation des mitfühlenden Austausches)	Spirituelle Beziehungs-praxis
Fairness		Gemeinde-arbeit & Ehrenamt-liches	Kreativer Ausdruck & Kunst	Richtige Verbindungen (Sangha)
Gelübde & Versprechen		Arbeit als Trans-formation		Bewusste Ehe

Abb. 28 Integrale Lebenspraxis: Ergänzende Module

Für diese Übung ist es nicht nötig, etwas aufzuschreiben – wir können den ganzen Prozess in unserer eigenen Vorstellung durchlaufen.

Bevor wir zu Bett gehen, wählen wir eine Person, die uns tagsüber gestört oder angezogen hat. Stellen wir uns ihr gegenüber, sprechen wir mit ihr und seien wir dann sie (wie oben beschrieben).

Auch hier können wir das 3-2-1-Verfahren in aller Ruhe selbst durchführen, wann immer Sie es brauchen, Tag oder Nacht.

Zusätzliche (oder ergänzende) Module

Die Module Körper, Psyche, GEIST und Schatten gelten als die Kernmodule, weil sie erstens so wichtig sind und zweitens vor allem durch Arbeit an uns selbst durchgeführt werden können. Die Zusatzmodule sind diejenigen, die sich mit unseren Beziehungen, unserem Beruf oder unserer Arbeit in der Welt, unserer Familie, unserem Eheleben und unseren intimen Partnerschaften befassen – sowie mit fortgeschrittenen Aspekten der individuellen Arbeit.

An erster Stelle steht dabei das **Ethik-Modul.** In einer Umfrage des Integral Instituts, die an etwa 8.000 Mitglieder des Online-Radioprogramms www.IntegralNaked.org verschickt wurde, fragten wir die Teilnehmer: „Welche Module würden Sie am liebsten in Ihre eigene Integrale Lebenspraxis einbeziehen?" Zur Auswahl standen Themen wie Meditation, Arbeit, Beziehungen, Ernährung und Sexualität. Die erste Wahl war Meditation, die zweite Wahl war Ethik. Vor Essen, Beziehungen und Sex wählten die Menschen Ethik. Offensichtlich hat unsere Kultur keinen moralischen Kompass mehr, und die Menschen sehnen sich nach einer Art von Anleitung in diesem Bereich.

Das Modul Ethik konzentriert sich auf zwei grundlegende orientierende Verallgemeinerungen. Die erste besagt, dass *eine Handlung umso moralischer oder ethischer ist, je mehr Perspektiven sie berücksichtigt.* Handlungen, die nur eine 1. Person-Perspektive berücksichtigen, sind **egozentrisch**. Handlungen, die eine 2. Person-Perspektive in Betracht ziehen, sind **ethnozentrisch**. Handlungen, die eine 3. Person-Perspektive berücksichtigen, sind **weltzentrisch**. Und Handlungen, die eine 4. – und 5. Person-Perspektive einnehmen, sind **kosmozentrisch**.

Angesichts dieses Verständnisses ist es nicht schwer zu erkennen, dass weltzentrisches Handeln *besser* ist als ethnozentrisches Handeln. Weltzentrisches Handeln ist *besser* (oder *moralischer*) als ethnozentrisches Handeln, das *besser* ist als egozentrisches Handeln, weil es mehr Perspektiven berücksichtigt. Wie bei Carol Gilligans Sequenz (**egoistisch**, **Fürsorge**, **universelle Fürsorge**, **integral**) ist jede höhere Ebene in der Lage, ethischer zu sein, weil sie in der Lage ist, mehr Perspektiven zu berücksichtigen, bevor sie eine Entscheidung trifft. Wen würden wir bei Entscheidungen, die uns betreffen, bevorzugen: jemanden, der egozentrisch oder jemanden, der weltzentrisch eingestellt ist?

So können wir vielleicht schon erkennen, dass es einen Weg gibt, der über den moralischen Absolutismus und den moralischen Relativismus hinausgeht. Mit der Integralen Ethik kehrt der Sinn zurück, zusammen mit einem moralischen Kompass, der über geringere Perspektiven hinausgeht und diese einschließt.

Die zweite orientierende Verallgemeinerung besagt, dass ethisches Handeln ein Handeln ist, das darauf abzielt, **die größte Tiefe für die größte Spanne zu schützen und zu fördern**. Diese Maxime ist bekannt als die **Grundlegende moralische Intuition** oder BMI (englisch: Basic Moral Intuition). *Tiefe* ist definiert als die Anzahl der Ebenen in einem Holon[8], und *Spanne* ist die Anzahl der Holons auf einer Ebene. Wenn wir die beschrifteten Ebenen in Abbildung 14 nummerieren, dann hat Infrarot eine (relative) Tiefe von 1, Rot hat 3, Orange hat 5, Türkis hat 8, Violett hat 10, und so weiter.

Aber es reicht nicht aus, zu wissen, dass 8 besser ist als 5, was wiederum besser ist als 3. Wir müssen auch wissen, wie das mit anderen Holons zusammenpasst, mit menschlichen und nicht-menschlichen gleichermaßen. Ein Mensch hat mehr Tiefe als eine Kuh, die mehr Tiefe als eine Karotte hat, die mehr Tiefe als eine Bakterie hat, die mehr Tiefe als ein Quark hat. Wenn wir also vor die Wahl gestellt würden, eine Kuh oder eine Bakterie zu töten, würden wir uns für die Bakterie entscheiden. Da aber alles miteinander verbunden ist, handeln wir nicht einfach, um mehr Tiefe zu erreichen, sondern um die größte Tiefe in der größten Breite zu erreichen.

Ökologisches Bewusstsein – und ökologische Ethik – beinhaltet diesen unglaublichen Balanceakt zwischen der Rettung der größten Tiefe und der größten Spanne. Nur die Tiefe zu wählen, ist anthropozentrisch; nur die Spanne zu wählen, ist bakterienzentrisch. Wir handeln stattdessen, um die größte Tiefe für die größte Spanne zu schützen und zu fördern, oder unsere grundlegende moralische Intuition.

Weitere Zusatzmodule sind die *Umwandlung von Emotionen* (Transmuting Emotions), *Karma Yoga* (oder Arbeit in der Welt – Work in the World), *Sexual Yoga*, *Partnerschaft, Familie und Erziehung.*

Wir haben jetzt noch ein Kernmodul zu besprechen, und ich habe meine Meinung wieder geändert. Ich denke, das ist das wichtigste Modul von allen.

8 Anm. d. Herausgeber: Mit „Holon“ bezeichnet Wilber die Doppelnatur von allem, was ist, als Teil/Ganzes.

Modul GEIST: Die große Offenheit des eigenen Wesens

Wir haben gesehen, dass es heutzutage üblich ist, dass Menschen sagen, sie seien „spirituell, aber nicht religiös“. Die allgemeine Vorstellung ist, dass mit „religiös“ institutionelle Formen der Religion gemeint sind – ihre Dogmen, Mythen, verbindlichen Glaubenssätze, ihre alten und verblassten Rituale; wohingegen „spirituell“ persönliche Werte, gegenwärtiges Bewusstsein, innere Realitäten und unmittelbare Erfahrung bedeutet. Natürlich sind einige Aspekte der Religion spirituell, aber ein Großteil der institutionellen Religion scheint in der Tat alt und abgenutzt zu sein, ein Relikt aus vormodernen Zeiten oder zumindest aus prärationalen Entwicklungsstadien.

GEIST kann die direkte Erfahrung eines Seinsgrundes bedeuten. Er kann alles bedeuten, was das letztendliche Anliegen des Menschen zum Ausdruck bringt. Er kann alles bedeuten, was dem Leben ein Gefühl von Einheit oder Transzendenz verleiht. Er kann die eigene tiefste Natur und den eigenen gegenwärtigen Zustand bedeuten. In Kapitel 5 haben wir uns mit vielen dieser Fragen beschäftigt. Aber Tatsache ist, dass man entweder an eine spirituelle Dimension des Seins glaubt oder nicht. Da sich das spirituelle Kernmodul auf die Praxis der Meditation oder Kontemplation konzentriert, ist es so konzipiert, dass es die größtmögliche Bandbreite an Orientierungen zulässt, von der eher „wissenschaftlichen“ (Meditation ist eine Entspannungsreaktion) bis zur eher „spirituellen“ (Meditation verschafft Zugang zu einem ultimativen Grund des Seins oder zu Gott, wie auch immer er heißen mag). Verwenden wir also diejenige oder andere, die für uns angenehm sind.

Ein ziemlich einzigartiges Merkmal der Integralen Lebenspraxis ist das, was „Die drei Gesichter des GEISTES“ genannt wird, oder manchmal „Das 1-2-3 Gottes“. Die Idee ist, dass GEIST, so wie er sich manifestiert, vier Quadranten hat, genau wie der Rest der Manifestation, und so können wir, soweit wir über GEIST nachdenken, dies unter Verwendung der vier Quadranten tun (oder einfach die 1.-, 2.- und 3.-Person-Perspektive von GEIST, wobei die beiden rechtsseitigen Qudranten (ES und SIE) jetzt zusammengenommen werden).

Der GEIST in der 3. Person (singular als „Es“ und plural als „Sie“) erscheint als ein großes Netz des Lebens, die gesamte Totalität der Existenz, die als ein großes Es, ein großes System aller Wesen oder als Natur mit einem großen N konzipiert ist. Spinoza machte diese Vorstellung von Gott berühmt.

GEIST in 2. Person ist ein Großes Du, eine lebendige Intelligenz und Liebe, die der Grund und die Ursache aller Existenz ist. Die theistischen Traditionen des Westens konzentrieren sich besonders auf dieses Gesicht des GEISTES.

GEIST in der 1. Person ist ein Großes Ich oder Ich-Ich, das Ich, das das Ich bezeugt, das reine unendliche Selbst, der Atman, der Brahman ist, der Große GEIST, der unser wirklicher GEIST oder unser Bewusstsein in diesem und jedem Moment ist. Die östlichen kontemplativen Traditionen konzentrieren sich besonders auf dieses Gesicht des GEISTES.

Welches dieser Gesichter ist richtig? Alle natürlich. Sie sind die 4 Quadranten des manifestierten GEISTES. Wir können jede dieser Perspektiven nutzen, die sich für uns richtig anfühlt, aber es gibt eine besondere Art von integraler spiritueller Bewusstheit, die entsteht, wenn wir alle nutzen, und das ist der Ansatz, den wir verfolgen.

Hier ist das 1-Minuten-Modul für GEIST, das sich auf alle drei Gesichter konzentriert.

1-Minuten-Modul

Das 1-2-3 Gottes

In jedem Moment können wir Gott als 3. Person „Es“, als 2. Person „Du“ oder als 1. Person „Ich“ erleben. Wiederholen wir einfach die folgenden Sätze leise für uns selbst und lassen wir jede Perspektive sanft und natürlich in unserem Bewusstsein auftauchen.

- Ich betrachte Gott als alles und in allem, was entsteht – die große Vollkommenheit dieses und jedes Augenblicks.
- Ich erblicke und verbinde mich mit Gott als einem unendlichen Du, das mir allen Segen und völlige Vergebung schenkt und dem ich unendliche Dankbarkeit und Hingabe entgegenbringe.
- Ich ruhe in Gott als meinem eigenen Zeugen und ursprünglichen Selbst, dem Großen GEIST, der eins mit allem ist, und in diesem allgegenwärtigen, leichten und natürlichen Zustand gehe ich meinen Tag an.

Wir können das Wort „Gott“ durch ein beliebiges Wort unserer Wahl ersetzen, das an ein höchstes Wesen erinnert. Es könnte „GEIST“, „Jehova“, „Allah“, „Brahman“, „Der Herr“ oder „Der Eine“ sein. Hier ist die gleiche Meditation mit einer stärkeren Ausrichtung auf die 1. Person-Perspektive.

- Nehmen wir unser gegenwärtiges Gewahrsein wahr. Wir nehmen die Objekte wahr, die in unserem Bewusstsein auftauchen – die Bilder und Gedanken, die in unserem GEIST auftauchen, die Gefühle und Empfindungen, die in unserem Körper entstehen, die unzähligen Objekte, die um uns herum im Raum oder in der Umgebung entstehen. All dies sind Objekte, die in unserem Bewusstsein entstehen.
- Denken wir nun daran, was vor fünf Minuten in unserem Bewusstsein war. Die meisten Gedanken haben sich verändert, die meisten Körperempfindungen haben sich verändert, und wahrscheinlich hat sich auch die Umgebung verändert. Aber etwas hat sich nicht verändert. Etwas in uns ist jetzt noch genauso wie vor

fünf Minuten. Was ist jetzt gegenwärtig, was vor fünf Minuten gegenwärtig war?

- ICH-BIN-HEIT (I-am-ness). Die gefühlte Bewusstheit von ICH-BIN ist immer noch präsent. Ich bin diese allgegenwärtige ICH-BIN-Natur. Diese ICH-BIN-Bewusstheit ist jetzt präsent, sie war vor einem Moment präsent, sie war vor einer Minute präsent, sie war vor fünf Minuten präsent.
- Was war vor fünf Stunden vorhanden? ICH-BIN-Bewusstheit. Dieses Gefühl der ICH-BIN-Natur ist eine fortwährende, selbsterkennende, selbstbestätigende ICH-BIN-Natur. Es ist jetzt präsent, es war vor fünf Stunden präsent. Alle meine Gedanken haben sich verändert, alle meine körperlichen Empfindungen haben sich verändert, meine Umgebung hat sich verändert, aber ICH-BIN ist immer gegenwärtig, strahlend, offen, leer, klar, geräumig, transparent, frei. Die Objekte haben sich verändert, aber nicht diese formlose ICH-BIN-Natur. Diese offensichtliche und gegenwärtige ICH-BIN-Natur ist jetzt genauso präsent wie vor fünf Stunden.
- Was war vor fünf Jahren vorhanden? ICH-BIN-Bewusstheit. So viele Dinge sind gekommen und gegangen, so viele Gefühle sind gekommen und gegangen, so viele Gedanken sind gekommen und gegangen, so viele Dramen und Schrecken und Liebe und Hass sind gekommen, eine Weile geblieben und gegangen. Aber eine Sache ist nicht gekommen, und eine Sache ist nicht gegangen. Was ist das? Was ist das Einzige, das in unserem Bewusstsein gerade präsent ist und an das wir uns erinnern können, dass es vor fünf Jahren präsent war? Dieses zeitlose, allgegenwärtige Gefühl der ICH-BIN-Bewusstheit ist jetzt genauso präsent wie vor fünf Jahren.

- Was war vor fünf Jahrhunderten vorhanden? [9] Alles, was allgegenwärtig ist, ist die ICH-BIN-Bewusstheit. Jeder Mensch spürt dieselbe ICH-BIN-Bewusstheit – denn sie ist kein Körper, kein Gedanke, kein Objekt, keine Umgebung, nichts, was man sehen kann, sondern sie ist der allgegenwärtige Seher, der fortwährend offene und leere Zeuge von allem, was entsteht, in jedem Menschen, in jeder Welt, an jedem Ort, zu jeder Zeit, in allen Welten bis zum Ende der Zeit, gibt es nur und immer diese offensichtliche und unmittelbare ICH-BIN-Bewusstheit. Was könnten wir sonst noch wissen? Was kann irgendjemand sonst noch wissen? Es gibt nur und immer diese strahlende, selbsterkennende, selbstfühlende, selbsttranszendierende ICH-BIN-HEIT, ob jetzt, vor fünf Minuten, vor fünf Stunden, vor fünf Jahrhunderten.

- Was war vor fünf Jahrtausenden? Bevor Abraham war, ICH-BIN. Bevor das Universum war ICH-BIN. Dies ist unser ursprüngliches Gesicht, das Gesicht, das wir hatten, bevor unsere Eltern geboren wurden, das Gesicht, das wir hatten, bevor das Universum geboren wurde, das Gesicht, das wir für alle Ewigkeit hatten, bis wir beschlossen, diese Runde Verstecken zu spielen und uns in den Objekten unserer eigenen Schöpfung zu verlieren.

- Ich werde NIE wieder so tun, als würde ich mein eigenes ICH-BIN nicht kennen oder fühlen!

- Und damit ist das Spiel zu Ende. Eine Million Gedanken sind gekommen und gegangen, eine Million Gefühle sind gekommen und gegangen, eine Million Objekte sind gekommen und gegangen. Aber eines ist nicht gekommen und eines ist nicht

9 Anm. d. Herausgeber: An dieser Stelle wie auch auf den Seiten 112 ff. macht Wilber erkenntnistheoretische Aussagen, die den Eindruck metaphysischer Gegebenheiten entstehen lassen, wenn er formuliert, dass die ICH-BIN-Bewusstheit, die im gegenwärtigen Augenblick erlebt wird, die gleiche ist, die auch vor Jahrhunderten, Jahrtausenden und vor aller Zeit vorhanden war. Inzwischen hat Wilber eine „Postmetaphysik" entwickelt, die sich u. a. mit der Integration von Ontologie, Epistemologie und Methodologie beschäftigt und die solche Aussagen besser einzuordnen hilft.

gegangen: das große Ungeborene und das große Unsterbliche, das niemals in den Strom der Zeit eintritt oder ihn verlässt, eine reine Gegenwart über der Zeit, die in der Ewigkeit schwebt.

- Wir sind diese große, offensichtliche, sich selbst erkennende, sich selbst bestätigende, sich selbst befreiende ICH-BIN-Bewusstheit. ICH-BIN ist nichts anderes als GEIST in 1. Person, das höchste, das erhabene, das strahlende, alles schaffende Selbst des gesamten Kosmos, gegenwärtig in uns und in ihr und in ihm – als die ICH-BIN-Bewusstheit, die jede und jeder von uns fühlt. Denn in allen bekannten Universen ist die Gesamtzahl der ICH-BINs nur eins.

- Wir ruhen in uns immer als diese ICH-BIN-Bewusstheit, genau die ICH-BIN-Bewusstheit, die wir gerade fühlen, die der ungeborene GEIST selbst ist, der in und als wir leuchtet. Wir nehmen auch unsere persönliche Identität an – als dieses oder jenes Objekt oder dieses oder jenes Selbst oder dieses oder jenes Ding – und ruhen immer im Grund von allem, als diese große und völlig offensichtliche ICH-BIN-HEIT. Wir stehen auf und gehen unserer täglichen Beschäftigung nach in diesem von ICH-BIN geschaffenen Universum.

7 Nicht das Ende, sondern der Anfang

Schauen wir auf die Welt um uns herum. Was sehen wir? Wenn wir als Zeuge dieser und aller Welten, die in unserem eigenen Bewusstsein entstehen, ruhen …

AQAL oder **IOS** selbst ist nur eine Karte, nichts weiter. Es ist nicht das Gebiet. Aber, soweit wir das beurteilen können, ist es die umfassendste Karte, die wir derzeit besitzen. Darüber hinaus – und das ist wichtig – weist die Integrale Karte selbst darauf hin, dass wir uns auf das wirkliche Gebiet begeben und uns nicht in bloßen Worten, Ideen oder Konzepten verfangen. Erinnern wir uns, dass die Quadranten nur eine Version der Realitäten von 1., 2. und 3. Person-Perspektiven sind. So sind auch die **Integrale Landkarte** und **AQAL** und **IOS** nur 3. Person-Begriffe, sie sind Abstraktionen, eine Reihe von „Es" Zeichen und Symbolen. Aber diese 3. Person-Begriffe selbst weisen darauf hin, dass wir auch Gefühle, Erfahrungen und Bewusstseinszustände der 1.-Person, sowie Kontakte, Kommunikationen, Empathie und zwischenmenschliche Fürsorge der 2. Person einbeziehen müssen. Die Integrale Karte macht deutlich: *Diese Karte ist nur eine Karte für eine 3. Person-Perspektive, also vergessen wir nicht die anderen wichtigen Realitäten, die alle in einem umfassenden Ansatz berücksichtigt werden sollten.*

Wir haben einige der Anwendungen des Integralen Modells kennengelernt. Wir können nun mit einer kurzen Zusammenfassung der wichtigsten Punkte des Modells selbst schließen.

AQAL ist die Abkürzung für **„alle Quadranten, alle Ebenen"** – was wiederum die Abkürzung für „alle Quadranten, alle Ebenen, alle Linien, alle Zustände, alle Typen" ist, die einfach fünf der grundlegendsten Elemente sind, die in jedem wirklich integralen oder umfassenden Ansatz enthalten sein müssen.

Wenn AQAL als Leitrahmen für die Organisation oder das Verständnis jeglicher Aktivität verwendet wird, nennen wir es auch einfach **IOS**. Es gibt fortgeschrittenere Formen von IOS, aber **IOS Basic**, das in diesem Buch vorgestellt wurde, enthält alle wesentlichen Elemente (Quadranten, Ebenen, Linien, Zustände, Typen), um jedem den Einstieg in einen umfassenderen, integrativen und effektiven Ansatz zu ermöglichen.

Wenn **AQAL** für persönliches Wachstum und Entwicklung im wirklichen Leben verwendet wird, sprechen wir von **Integraler Lebenspraxis**, die der umfassendste und daher effektivste Weg der Transformation zu sein scheint. Eine ausführlichere Darstellung findet sich in: *Wilber, Ken et. al: Integrale Lebenspraxis: Körperliche Gesundheit, emotionale Balance, geistige Klarheit, spirituelles Erwachen. Kösel 2010.*

Hier noch eine weitere wichtige Schlussfolgerung. **AQAL** ist ein **neutraler Rahmen**; er sagt Ihnen nicht, was Sie denken sollen, zwingt Ihnen keine bestimmten Ideologien auf und zwingt Ihr Bewusstsein in keiner Weise. Wenn wir zum Beispiel sagen, dass der Mensch einen Wach-, einen Traum- und einen Tiefschlafzustand hat, heißt das nicht, dass wir sagen sollen, was wir im Wachzustand denken oder was wir im Traum sehen sollen. Es besagt lediglich, dass man, wenn man umfassend sein will, Wach-, Traum- und formlose Zustände mit einbeziehen kann.

Ebenso bedeutet die Aussage, dass alle Ereignisse aus den vier Perspektiven der vier Quadranten gesehen werden können – oder einfach die Dimensionen „Ich", „Wir" und „Es" und „Sie" haben –, nicht, was genau man jetzt tun sollte. Es heißt lediglich, dass wir, wenn wir versuchen, alle wichtigen Möglichkeiten zu nutzen, alle Perspektiven, die möglich sind, einzubeziehen.

Gerade weil **AQAL** ein neutraler Rahmen ist, kann er genutzt werden, um mehr Klarheit, Fürsorge und Vollständigkeit in praktisch jede Angelegenheit zu bringen. Dadurch wird ein erfolgreiches Ergebnis wahrscheinlicher, ganz gleich, ob dieser Erfolg in Form von persönlicher Veränderung, sozialem Wandel, Spitzenleistungen im Geschäftsleben, Fürsorge für andere oder einfachem Lebensglück gemessen wird.

Aber was vielleicht am wichtigsten ist: Da **AQAL** von jeder Disziplin genutzt werden kann – von der Medizin über die Kunst, die Wirtschaft, die Spiritualität, die Politik bis hin zur Ökologie –, können wir zum ersten Mal in der Geschichte einen umfassenden und fruchtbaren Dialog zwischen all diesen Disziplinen beginnen. Eine Person, die **AQAL** in der Wirtschaft einsetzt, kann sich leicht und effektiv mit einer Person unterhalten, die **AQAL** in der Poesie, im Tanz oder in der Kunst einsetzt, einfach weil sie jetzt eine gemeinsame Sprache – oder ein gemeinsames Modell – haben, mit deren Hilfe sie besser kommunizieren können. Wenn man **AQAL** verwendet, gibt es nicht nur Hunderte von verschiedenen

Anwendungsmöglichkeit, sondern alle diese Anwendungsbereiche können nun miteinander kommunizieren und voneinander lernen, wodurch eine evolutionäre Entfaltung zu noch größeren Dimensionen des Seins, des Wissens und des Handelns vorangetrieben wird.

Aus diesem Grund haben sich Wissenschaftler und Lehrer auf der ganzen Welt zusammengetan und die Integrale Universität gegründet, die erste integrale Lerngemeinschaft der Welt. Weil all die verschiedenen menschlichen Aktivitäten, die zuvor durch einen unvereinbaren Jargon und eine unvereinbare Terminologie getrennt waren, tatsächlich beginnen können, effektiv miteinander zu kommunizieren, indem sie ein integrales Modell verwenden, kann jede dieser Disziplinen beginnen, sich mit den anderen zu unterhalten und von ihnen zu lernen. Das hat es in der Geschichte noch nie gegeben, und deshalb beginnt jetzt das Abenteuer Integral.

Wie auch immer wir es betrachten, es läuft alles auf ein paar einfache Punkte hinaus. In unserem eigenen Wachstum und unserer Entwicklung haben wir die Fähigkeit, uns selbst, die Kultur und die Natur in immer höhere, breitere und tiefere Seinsweisen zu bringen, indem wir uns sich von einer isolierten „Ich-Identität“ zu einer umfassenderen „Wir-Identität“ und zu einer noch tieferen Identität mit „uns allen“ ausdehnen – mit allen empfindungsfähigen Wesen überall –, während sich unsere eigene Fähigkeit zu Wahrheit, Güte und Schönheit vertieft und ausweitet. Ein immer größeres Bewusstsein zu entfalten mit einer immer breiteren Umarmung, die sich im Selbst verwirklicht, in der Natur verkörpert und in der Kultur ausgedrückt wird, **Körper, Psyche und GEIST in uns selbst, in der Kultur und in der Natur zu kultivieren**: Dies ist das außergewöhnliche Ziel des Integralen Ansatzes.

Wir würden uns freuen, wenn Sie uns bei diesem spannenden Unterfangen unterstützen würden. Hier gibt es ein neues Abenteuer, eine neue Politik und sogar eine neue Revolution, die am Horizont wartet.

Neue Arbeit, die getan werden muss, neue Herrlichkeiten, die erzählt werden müssen, neuer Boden, der enthüllt werden muss, und Geheimnisse des Herzens, die sich erst noch entfalten müssen, wenn es zu voll ist, um zu sprechen, zu strahlend, um es zu sehen, zu unendlich, um es zu halten, zu ewig, um es zu berühren, aber nur, weil es genau hier und jetzt ist, näher an uns als unser eigener Atem, mehr in uns als unsere eigenen

Gedanken und näher am GEIST als alle anderen, dieses Innere von uns, das jetzt diese Seite liest, auf die Welt hinausschaut und sich fragt, was das alles bedeutet, wenn das, was es bedeutet, *Du* bist. Nicht das Du, das gesehen werden kann, sondern das Du, das der Sehende in uns ist.

Der Seher in uns, der Zeuge dieser Seite und der gesamten Welt um uns herum: Er schimmert und funkelt mit einer aufregenden Glückseligkeit, einer aufsteigenden Freiheit jeden Augenblicks, die sich mit jedem Ausatmen in die Unendlichkeit entlädt und unsere Wirbelsäule mit ihrer Intensität kitzelt, während sie sich aus unserem Körper in weite neue Dimensionen ausdehnt, Geschenke von unendlichem Mitgefühl, Schönheit, und liebender Fürsorge mit sich führt, Geschenke, die so ungeheuerlich groß sind, dass unser Körper platzen würde, wenn er versuchte, sie zurückzuhalten.

Wir können sie jetzt spüren, diese Fülle, die uns gehört, die andrängt und versucht, sich auszudehnen, diese Freiheit, die uns gehört, wenn wir nur beiseite treten und alles durch uns hindurchströmen lassen. Und so geschieht es, wenn wir als Zeuge in dieser und all der Welten ruhen, die in unserem eigenen Bewusstsein entstehen, Welten, die wir in jedem Sonnenaufgang und jedem Sonnenuntergang selbst erschaffen, während die leuchtende Kugel den weiten Himmel unserer eigenen transparenten Leere durchquert. Das große *strahlende Offene*, das wir sind, ist von Augenblick zu Augenblick *alles*, was jemals ist.

Seht! Schaut! Sieh hin! Was sehen wir? Was *können* wir sehen? Außer diesen Strukturen unsrer eigenen Selbst, diesem großen Einen Geschmack unserer eigenen ursprünglichen Gegenwart, die überall als die Welt erscheint. Ist diese Welt „da draußen“ irgendetwas anderes als das Gefühl von *uns* in diesem Augenblick? Hören Sie mir zu:

Du bist das Alles.
Du bist die Leere.
Leere ist frei-manifestierend.
Freies Manifestieren ist selbst-befreiend.[10]

10 „Leere ist frei-manifestierend“ bezieht sich, in der Sprache der christlichen Mystik, auf den seienden (Leere) und den werdenden Gott, die Schöpfung (Meister Eckhart). Im Schöpfungsverlauf kann dann der Mensch aufwachen bzw. Erleuchtung finden bzw. seine Gottesnatur verwirklichen, und das ist selbst-befreiend.

Noch einmal, liebe Freunde,
machen wir es uns ganz bewusst:

- Wir nehmen unser gegenwärtiges Gewahrsein wahr.

- Wir nehmen die Objekte wahr, die in unserem Gewahrsein auftauchen – die Bilder und Gedanken, die in unserem GEIST erscheinen, auftauchen, die Gefühle und Empfindungen, die in unserem Körper auftauchen, die unzähligen Objekte, die um uns herum im Raum oder in unserer Umgebung auftauchen. All dies sind Objekte, die in unserem Gewahrsein auftauchen.

- Denken wir nun daran, was vor fünf Minuten in unserem Bewusstsein war. Die meisten Gedanken haben sich verändert, die meisten Körperempfindungen haben sich verändert, und wahrscheinlich hat sich auch die Umgebung verändert. Aber etwas hat sich nicht verändert. Etwas in uns ist jetzt noch genauso wie vor fünf Minuten.

- Was ist jetzt gegenwärtig, was vor fünf Minuten gegenwärtig war? ICH-BIN-Bewusstheit. Dieses Gefühl der ICH-BIN-Natur ist immer noch präsent. Wir sind diese allgegenwärtige ICH-BIN-Natur. Diese ICH-BIN-Bewusstheit ist jetzt präsent, sie war vor einem Moment präsent, sie war vor einer Minute präsent, sie war vor fünf Minuten präsent.

- Was war vor fünf Stunden vorhanden? ICH-BIN-Bewusstheit. Dieses Gefühl der ICH-BIN-Natur ist eine fortwährende, selbsterkennende, selbstbestätigende ICH-BIN-Natur. Es ist jetzt präsent, es war vor fünf Stunden präsent. Alle unsere Gedanken haben sich verändert, alle unsere körperlichen Empfindungen haben sich verändert, unsere Umgebung hat sich verändert, aber ICH-BIN ist immer gegenwärtig, strahlend, offen, leer, klar, geräumig, transparent, frei. Die Objekte haben sich verändert, aber nicht diese formlose ICH-BIN-Natur. Diese offensichtliche und gegenwärtige ICH-BIN-Natur ist jetzt genauso präsent wie vor fünf Stunden.

- Was war vor fünf Jahren vorhanden? ICH-BIN-Bewusstheit. So viele Dinge sind gekommen und gegangen, so viele Gefühle sind gekommen und gegangen, so viele Gedanken sind gekommen und gegangen, so viele Dramen und Schrecken und Liebe und Hass sind gekommen, eine Weile geblieben und gegangen. Aber eine Sache ist nicht gekommen, und eine Sache ist nicht gegangen. Was ist das? Was ist das Einzige, das in unserem Bewusstsein jetzt gerade präsent ist und an das wir uns erinnern können, dass es vor fünf Jahren präsent war? Dieses zeitlose, allgegenwärtige Gefühl der ICH-BIN-Bewusstheit ist jetzt genauso präsent wie vor fünf Jahren.

- Was war vor fünf Jahrhunderten vorhanden? Alles, was allgegenwärtig ist, ist die ICH-BIN-HEIT. Jeder Mensch spürt dieselbe ICH-BIN-Bewusstheit – denn sie ist kein Körper, kein Gedanke, kein Objekt, keine Umgebung, nichts, was man sehen kann, sondern sie ist der allgegenwärtige Seher, der fortwährend offene und leere Zeuge von allem, was entsteht, in jedem Menschen, in jeder Welt, an jedem Ort, zu jeder Zeit, in allen Welten bis zum Ende der Zeit, gibt es nur und immer diese offensichtliche und unmittelbare ICH-BIN-Bewusstheit. Was könnten wir sonst noch wissen? Was kann irgendjemand sonst noch wissen? Es gibt nur und immer diese strahlende, selbsterkennende, selbstfühlende, selbsttranszendierende ICH-BIN-Natur, ob jetzt, vor fünf Minuten, vor fünf Stunden, vor fünf Jahrhunderten.

- Vor fünf Jahrtausenden? Bevor Abraham war, ICH-BIN. Bevor das Universum war, ICH-BIN. Dies ist unser ursprüngliches Gesicht, das Gesicht, das wir hatten, bevor unsere Eltern geboren wurden, das Gesicht, das ich hatte, bevor das Universum geboren wurde, das Gesicht, das ich für alle Ewigkeit hatte, bis ich beschloss, diese Runde Verstecken zu spielen und mich in den Objekten meiner eigenen Schöpfung zu verlieren.

- Wir werden NIE wieder so tun, als würden wir unser eigenes ICH-BIN nicht kennen oder fühlen!

- Und damit ist das Spiel zu Ende. Eine Million Gedanken sind gekommen und gegangen, eine Million Gefühle sind gekommen und gegangen, eine Million Dinge sind gekommen und gegangen. Aber eine Sache ist nicht gekommen, und eine Sache ist nicht verschwunden: das große Ungeborene und das große Unsterbliche, das niemals in den Strom der Zeit eintritt oder ihn verlässt, eine reine Gegenwart über der Zeit, die in der Ewigkeit schwebt. Wir sind diese große, offensichtliche, sich selbst erkennende, sich selbst bestätigende, sich selbst befreiende ICH-BIN-Bewusstheit.

- ICH-BIN ist nichts anderes als der GEIST in der 1. Person, dem ultimativen, dem erhabenen, dem strahlenden, alles erschaffenden Selbst des gesamten Kosmos, das in uns und ihr und ihm und ihr gegenwärtig ist – als die ICH-BIN-Bewusstheit, die jede und jeder einzelne von uns fühlt. Denn in allen bekannten Universen ist die Gesamtzahl der ICH-BINs nur eins.

- Wir ruhen in uns immer als diese ICH-BIN-Bewusstheit, genau die ICH-BIN-Bewusstheit, die wir gerade fühlen, die der ungeborene GEIST selbst ist, der in und als wir leuchtet. Wir nehmen auch unsere persönliche Identität an – als dieses oder jenes Objekt oder dieses oder jenes Selbst oder dieses oder jenes Ding – und ruhen immer im Grund von allem, als diese große und völlig offensichtliche ICH-BIN-HEIT und wir stehen auf und machen mit unserem Tag weiter, in dem von ICH-BIN geschaffenen Universum.

- Es ist ein neuer Tag, eine neue Morgendämmerung, eine neue Frau, ein neuer Mann. Der neue Mensch ist ganzheitlich, und das gilt auch für die neue Welt.

Ausgewählte Werke von Ken Wilber

Eine kurze Geschichte des Kosmos
(Frankfurt: Fischer 1997)
Begleiten Sie Ken Wilber auf eine atemberaubende Reise durch die Zeit und den Kosmos – vom Urknall bis an den Vorabend des einundzwanzigsten Jahrhunderts.

Mut und Gnade. In einer Krankheit zum Tode bewährt sich eine große Liebe – das Leben und Sterben der Treya Wilber (München: Scherz, 1992)

Die bewegende Geschichte von Kens Ehe mit Treya und der fünfjährigen Reise, die sie durch ihre Krankheit, ihre Behandlung und schließlich ihren Tod durch Brustkrebs führte. Kens weitreichende Kommentare werden mit Auszügen aus Treyas persönlichen Tagebüchern kombiniert.

Eros, Kosmos, Logos: Eine Jahrtausend-Vision (Frankfurt: Fischer 2001)

Der erste Band der Kosmos-Trilogie und das Buch, mit dem das 4-Quadranten-Modell eingeführt wurde. Diese Meisterleistung an Gelehrsamkeit und Vision zeichnet den Weg der Evolution von der Materie über das Leben zum Geist (und möglichen höheren Ebenen) nach und beschreibt die gemeinsamen Muster, die die Evolution in allen drei Bereichen annimmt. Wilber konzentriert sich besonders darauf, wie sich die Moderne und Postmoderne auf Geschlechterfragen, Psychotherapie, ökologische Belange und verschiedene Befreiungsbewegungen beziehen.

Integrale Spiritualität: Spirituelle Intelligenz rettet die Welt (München: Kösel, 2007)

Eine Theorie der Spiritualität, die die Wahrheiten der Vormoderne, der Moderne und der Postmoderne – einschließlich der Revolutionen in Wissenschaft und Kultur – würdigt und gleichzeitig die wesentlichen Erkenntnisse der großen Religionen einbezieht.

Boomeritis: Ein Roman, der dich befreit (Hamburg: Phänomen, 2008)
Die Geschichte der Selbstfindungsreise eines Doktoranden, die brillante Gelehrsamkeit mit boshafter Parodie verbindet. Der Roman zielt auf eines der hartnäckigsten Hindernisse für die Verwirklichung der integralen Vision: eine Krankheit des Pluralismus plus Narzissmus, die Wilber „Boomeritis" nennt, weil sie vor allem die Generation der Babyboomer zu plagen scheint.

Integrale Meditation: Wachsen, erwachen und innerlich frei werden (München: O. W. Barth, 2017)

Bereiten Sie sich darauf vor, Ihrem Geist auf radikal neue Weise zu begegnen, wenn Ken Wilber die Integrale Achtsamkeit vorstellt, einen meditativen Ansatz, der auf der Integralen Theorie und Praxis basiert. Diese bahnbrechende Technik verbindet zum ersten Mal in der Geschichte die uralten Pfade der Meditation und Achtsamkeit – oder des Erwachens – mit der modernen Forschung über die psychologische Entwicklung und die menschliche Evolution – dem Erwachsenwerden – und führt so zu einer vollständigen und kraftvoll wirksamen Methode der persönlichen Transformation.

Die integrale Zukunft der Religionen: Am Beispiel des Buddhismus. (Wiesbaden: opus magnum, 2024)

Am Beispiel des Buddhismus untersucht Ken Wilber spirituelle Grundfragen und bietet Einsichten, die für alle großen religiösen Traditionen relevant sind. Er zeigt, dass die traditionellen buddhistischen Lehren selbst auf eine fortlaufende Entwicklung hin zu einer einheitlicheren, ganzheitlichen und vernetzten Spiritualität hindeuten. Wilber berührt alle wichtigen Wendepunkte in der Geschichte des Buddhismus und beschreibt die Art und Weise, wie die Tradition offen für die fortlaufende Entfaltung und Erweiterung ihrer eigenen Lehren war, und er schlägt mögliche Wege zu einem immer stärker integralen Ansatz vor. Dieses Werk ist eine komprimierte Version von Wilbers Buch „Die Religion von morgen."

Die Religion von morgen:
Eine Vision für die Zukunft der religiösen Traditionen
(Hamburg: Phänomen, 2024)

Allen großen religiösen Traditionen liegt ein einziges Ziel zugrunde: das Erwachen zu der erstaunlichen Realität der wahren Natur von uns selbst und des Universums. Gleichzeitig ist diese Kernerkenntnis durch jahrhundertelange kulturelle Aneignung und die Konzentration auf Mythos und Ritual als Selbstzweck in Vergessenheit geraten. Hier zeigt Ken Wilber einen Weg auf, um eine Religion der Zukunft neu zu entwerfen, die die Evolution der Menschheit in jedem Bereich anerkennt, auf der Höhe der Zeit ist und gleichzeitig dieser ursprünglichen spirituellen Vision treu bleibt.

Finding Radical Wholeness: The Integral Path to Unity, Growth, and Delight (Bolder: Shambala, 2024)

Ken Wilber zufolge ist die fortwährende menschliche Suche nach Wachstum und Erfüllung oft unvollständig. In diesem Buch integriert Wilber die Weisheit der Spiritualität, der Psychologie, der Schattenarbeit, der Wissenschaft und der integralen Theorie, um uns einen Weg zu einer radikalen und vollständigen Ganzheit des Aufwachens, des Erwachsenwerdens, des Öffnens, des Aufräumens und des Auftauchens anzubieten. Wilber erörtert auch das integrale sexuelle Tantra. Er stellt verschiedene Praktiken zu Themen wie dem „inneren Zeugen“, dem „einen Geschmack“ und der Schattenarbeit vor, um uns zu direkten Erfahrungen zu führen, die wir in unser Leben integrieren können. Auf diese Weise verstehen wir wirklich, was Ganzheit bedeutet und können Platz schaffen für alles, was das Leben uns bringt.